50 MANERAS DE SALVAR TU VIDA

JAVIER SALINAS

50 MANERAS
DE SALVAR TU VIDA

Mindfulness para la vida cotidiana

URANO

Argentina – Chile – Colombia – España
Estados Unidos – México – Perú – Uruguay – Venezuela

1.ª edición Octubre 2017

Copyright © 2017 by Javier Salinas Gabiña
All Rights Reserved
Copyright © 2017 by Ediciones Urano, S.A.U.
Aribau, 142, pral. – 08036 Barcelona
www.mundourano.com
www.edicionesurano.com

ISBN: 978-84-16720-04-0
E-ISBN: 978-84-17180-02-7
Depósito legal: B-23.594-2017

Fotocomposición: Ediciones Urano, S.A.U.

Impreso por Liberdúplex, S.L. – Ctra. BV 2249 Km 7,4
Polígono Industrial Torrentfondo – 08791 Sant Llorenç d'Hortons (Barcelona)

Impreso en España – *Printed in Spain*

Índice

Prólogo

Bueno, estás aquí. Eso es indiscutible. Te estoy viendo. Podrías estar en otra parte de la librería o podrías estar tomando algo por ahí o podrías estar leyendo una novela, un libro de cocina, o preparando la cena. Pero estás aquí. Con este libro. Tú sabrás por qué. Quizá porque te has decidido a tomar tu vida en tus manos, a dejar de pensar que es como una suerte de lotería y que últimamente solo a ti te salen todas las malas cartas, que superas una situación difícil y caes en otra. Como si la vida fuera una especie de videojuego en el que no hay apenas descanso y saltas de pantalla en pantalla sin encontrar lo que buscas. ¿Y qué es lo que buscas?

Por supuesto que sé lo que buscas. Lo que todas las personas buscan. La felicidad, la serenidad, el poder encontrar paz, el vivir una vida hermosa. El levantarte cada mañana y dar las gracias a la vida, pese a que esta sea demandante y esté repleta de retos. Y estás en lo cierto al hacerlo, porque eso es lo que hay que buscar. Ninguna otra cosa te satisfará. Nada que no sea la serenidad y la paz calmarán el hueco que pareces tener en el centro de ti y que a veces no te deja respirar.

Quizá pienses que tu equilibrio interior no es importante, quizá pienses que puedes continuar arrastrando tu corazón cada día como si fuera un compañero de escalada que se ha torcido el pie y al que tienes que cargar montaña abajo. Sí, montaña abajo, porque ya sabes lo que sucede cuando vives así, sin hacer caso a tu corazón: que todo a tu alrededor comienza a deteriorarse como un decorado bajo la lluvia.

Por eso he pensado en ti en este libro, para que juntos creemos no un decorado de cartón piedra, sino algo hermoso y perdurable. Algo verdadero que, por muchas cosas que sucedan, siempre te acompañe, que te ayude a vivir a ti y a los demás.

Vivir no es sobrevivir. Vivir es tener una vida grande y plena y llena de hermosura. Vivir es crecer y mejorar el mundo a cada instante. Comprender que no viniste aquí para que la vida te diera, sino para darle tú a la vida.

La vida es un misterio, pero no un misterio que no pueda ser resuelto. La manera de resolver el misterio es comprender que tú has venido aquí a aprender la gran lección: la lección del amor y la compasión.

Y esta es una lección que se aprende a cada segundo, a cada instante. En cada ocasión en la que tomas una decisión u otra.

Cada instante es una oportunidad; cada situación, una especie de ascensor que, según cómo la afrontes, te conducirá hacia arriba o hacia abajo en tu vida.

Espero que con este mapa de situaciones cotidianas que nos suceden a todos en nuestro día a día, y que comparto contigo a continuación, vayas comprendiendo mejor la verdad de este misterio que se llama vida y que solo puede ser resuelto dejando atrás el odio, creando amor y compartiéndolo con todos los seres de todos los universos.

Además de las situaciones cotidianas que se te presentarán en las meditaciones, también vas a encontrar algunos poemas o canciones, porque en la vida diaria también hay mucha belleza esperando ser reconocida y compartida. La vida es un gran poema que no tiene principio ni fin. La belleza y la sabiduría están presentes todo el tiempo, esperando ser descubiertas, escritas, pronunciadas y encarnadas por ti.

1
Meditación para cuando todo va mal

Bueno, empecemos por esto, ¿sí? Y así nos lo quitamos de encima. Comencemos por esto porque así en los siguientes capítulos ya sabrás que ha pasado lo peor y que, venga lo que venga, podrás superarlo.

Cuando todo va mal es la gran prueba, el gran ascensor, la gran puerta. Todas las situaciones que te hayan sucedido en la vida o te vayan a suceder después no serán o han sido nada similar. Cuando todo va mal es la gran liga, la gran oportunidad de tu vida, el gran salto, lo quieras o no. No sirve de nada negarlo, no sirve de nada fingir que no te está pasando. Te está sucediendo, no te sale nada bien, todo está derrumbándose.

Por supuesto, habías oído contar historias sobre estos momentos, pero de algún modo pensaste que a ti no te iban a suceder. Pero ahora que eres el protagonista de esta escena de tu vida, ¿qué vas a hacer? ¿Cómo la vas a resolver? ¿Cómo vas a continuar con la película de tu vida cuando esto pase? ¿Te vas a levantar? ¿Vas a volver a sonreír y a abrir tu corazón y ayudar a los demás a hacer lo mismo? Yo apuesto a que sí, yo apuesto por ti y creo en ti. Yo creo que tú eres el héroe y la heroína de la bella película de tu vida y que tienes mucha belleza que dar.

No estoy hablando por hablar.

Pero mientras tanto, mientras todavía estás pasando esto, te apoyo y te digo que te quiero.

Prométete

Prométete,
prométete que vas a tener una vida hermosa
da igual lo que suceda.
Sin importar lo altas o bajas
que las olas vengan.
Sin importar el tiempo,
o cómo el viento te empuje en contra o a favor.
Prométeme que nunca vas a abandonar,
que siempre vas a avanzar hacia la grandeza,
la dulzura, el amor y la compasión.
Y yo te prometo
que el Universo también te lo
prometerá.

2

Meditación para cuando todo va bien

También esto va a suceder. Aunque no te guste, aunque quizá, si todavía te encuentras en el momento anterior, no te lo creas. Pero yo te aseguro que en tu vida todavía te esperan momentos sencillamente perfectos. Momentos tan maravillosos que ni te los habrías podido imaginar. Situaciones en las que te tendrás que pellizcar para comprobar que no estás soñando. Momentos en tu vida en los que te preguntarás: ¿en serio que toda esta belleza es para mí?

Vivirás escenas en la película de tu vida en las que en lugar de caminar, tendrás la sensación de ir volando unos centímetros por encima del suelo. No tiene por qué ser nada extraordinario, no tienes que viajar a Hawái.

Puede que experimentes toda esa felicidad en un autobús o haciendo la compra o dando un paseo. Y eso nos da la pista para saber de dónde ha venido ese estado. Ese estado está dentro de ti, ha nacido de tu calma y de tu paz interior. ¿Cómo has llegado hasta ese lugar de felicidad? ¿Qué has cultivado para que nazca de ti ese paraíso que no depende de dónde ni con quién te encuentres?

Piénsalo, halla unos momentos para recordar o para reflexionar sobre cómo has llegado hasta ahí. Ese estado ha venido de dentro de ti, y te aseguro que no has comprado ningún billete de lotería, sino que el décimo ganador lo has construido tú en tu interior.

¿Cómo lo has hecho? Date cuenta.

La nueva historia

La nueva historia es que eres amor
y que eres belleza. La nueva historia
es que eres un dios, y una diosa.
La nueva historia es que puedes cambiar
lo que creías que eras, y convertirte
en toda la naturaleza.
La nueva historia es que eres amor
y que eres belleza. La nueva historia
es que eres el mar, y la dulce arena.
La nueva historia es que puedes cambiar
lo que sentías que eras, y convertirte
en una nueva historia.

3

Meditación para cuando estás en un atasco

Muy bien, me dices, todo eso que me cuentas está muy bien. Todo eso de la felicidad y la meditación (incluso los poemas no me parecen mal), pero ahora estoy en un atasco, llego tarde, es lunes por la mañana, quizá incluso está lloviendo. Tengo una reunión, apenas he dormido, además he discutido justo antes de salir de casa con mi pareja. Así que mejor te guardas tus meditaciones y tu felicidad porque eso no funciona en la vida real. La vida real, me dices completamente harto o harta, es una ****.

Pero tengo que decirte que la idea de este libro es precisamente la de ayudarnos en los momentos en los que pensamos eso, en los que perdemos los nervios, nos cuesta respirar, estamos fuera de centro y nos sentimos desbordados por una realidad externa que no está bajo nuestro control.

La meditación o el mindfulness es algo práctico para ayudarnos a cambiar la manera en la que nos relacionamos con nosotros mismos y con lo que sucede. Es decir, para dejar de repetir patrones que poco a poco nos van dañando y van mermando nuestra salud psíquica y física. Y puedes aceptar esto y dejar de responsabilizar a los demás y al mundo de lo mala que es tu vida como hasta ahora, o puedes tomarla en tus manos y empezar a realizar pequeños pasos para cambiarla.

Ahora estás vivo en este atasco, la lluvia es una bendición. Llama al trabajo si es necesario para decir que llegas tarde, llama a tu pareja para disculparte por haber perdido los nervios y haber gritado. Ahora mismo podrías estar mojándote bajo la lluvia pero tienes un techo, en el coche tienes calefacción y puedes escuchar algo de música suave. Respira hondo, tararea, piensa en lo afortunado que eres. Sí, no me mires así. Esta meditación es para ti, ahora. Pon tu energía en el lado luminoso de tu vida.

La vida no es un ensayo de la vida

Vive como si vivieras,
besa como si besaras
y ama como si amases.
¿Por qué vives como si no vivieras,
besas como si no besaras
y amas como si no amases?
La vida no es un ensayo de la vida,
el beso no es el ensayo del beso
ni el amor un ensayo del amor.
Vive, besa y ama.
Hazlo hoy, quizá no haya
mañana.

4

Meditación para cuando se estropea tu ordenador

Total, que te has creído la meditación anterior, la de que eras muy afortunado. Has llamado al trabajo, has llamado a tu pareja, has puesto música y tal y cual. Has hecho caso a este Javier y resulta que cuando vas a encender tu ordenador, no arranca... ¡No! ¡Nada! Lo intentas de todas maneras, ¡nada! ¡Este Javier es un charlatán! La vida es una ****.

Venga, vale, ya lo has dicho. De hecho, seguro que lo dices muchas veces y, ¿sabes qué?, uno lo dice tantas veces que al final se acaba haciendo realidad. Y cuanto más lo repitas, con más fuerza lo será. Como bien sabes, lo que llamamos «realidad» es en cierto modo un espacio vacío y maleable, que tiene cierta tendencia a amoldarse a lo que nosotros pensamos de él. Así que si yo fuera tú, iría cambiando de mantra o de frase favorita.

Ya, me dices, pero ¿eso qué tiene que ver con que haya perdido todo el trabajo que tenía guardado en el ordenador? Bueno, para empezar, todavía no sabes si lo has perdido o no, no nos pongamos reinas del drama porque no sirve de nada, excepto en el teatro. Ahora lo que sirve de veras es cambiar tu patrón de respuesta, respirar hondo y crear espacio dentro de ti para ver qué es lo útil en esta situación: tratar de ver si lo puedes arreglar, llamar a alguien que te ayude, llevarlo a un centro de reparación. Eso sí sirve.

Y también servirá para próximas ocasiones ir guardando información en otros sitios.

Venga, no me eches la culpa por todo. Tu calma y tu amabilidad es el mejor regalo que te puedes hacer a ti mismo y a los que te rodean.

El Universo siempre dice sí

El Universo siempre dice sí,
aunque tú no lo sepas.
Dice sí a tu alegría, y dice sí
a tu tristeza.
Dice sí a tu riqueza, y dice sí
a tu pobreza.
Si te sientes pleno dice sí,
Si perdido, asiente, con belleza.
El Universo siempre dice sí,
a tu derecha y a tu izquierda.
A lo que sientes dice sí
y también a lo que piensas.
Si desfalleces dice sí,
y si te encuentras con fuerzas.
Dile sí tú a él,
sé siempre lo que sueñas.

5

Meditación para cuando no tienen tu *pizza* favorita

Pero empecemos a hablar de cosas importantes: tu *pizza* favorita. Sí, la que más te gusta. Esa con la que contabas para tu cena. Si pensabas tomarla en un restaurante, misteriosamente ha desaparecido de la carta. Si pensabas comprarla en una tienda, se les ha acabado. Si querías solo la de tu pizzería favorita, resulta que no tienen mesa esta noche.

Sí, lo sé, el Universo es injusto contigo. Tú querías esa *pizza*, solo esa, la de ese sitio, la única que satisface tu paladar. Lo sé. Lo sé. Todos hemos estado ahí, en el barro, en esa situación tan terrible. Hemos sentido que, sencillamente, la vida es injusta. Luego hemos discutido con nuestra pareja, la noche se ha ido al garete. Mira a la gente por la calle, todos parecen tan felices. Seguro que todos han cenado lo que querían, todo ha sido perfecto...

Una vez leí que la diferencia al pasar hambre entre los occidentales y numerosas personas de otros lugares era que nosotros decíamos, mirando nuestros frigoríficos llenos: «Tengo hambre, pero *de nada* de lo que hay en el frigorífico».

¿Cuándo hemos hecho nuestras vidas tan complicadas? ¿En serio pensamos que así saciaremos nuestra hambre? Es justo al revés. Ten gustos sencillos, aprecia tener algo que comer. Y tener alguien con quien compartir tu cena. Y si después de todo no te gusta tu cena, siempre se la puedes ofrecer a alguien.

En tu vida hay espacio para el buen humor y para ser agradecido. Mañana cenarás mejor, pero hoy has aprendido una gran lección.

Cómo saciar tu sed

Todo te enseña
lo que no quieres saber.
Lo que verdaderamente
necesitas, cómo crecer.
Todo te enseña
lo que es.
La luz del invierno,
cómo saciar tu sed.

6

Meditación para cuando tu pareja te arrastra a ir de compras*

Tu vida está llena de situaciones difíciles, lo sé. Hay grandes retos que afrontar, e ir de compras es uno de ellos. Sobre todo porque a ti no te gusta, o eso dices. A ti te gustaría estar haciendo… ¿qué? ¿Leyendo sobre filosofía japonesa? ¡Lo sabía! ¿Limpiando la casa? ¡Lo sabía también! Pero ya ves, tu pareja te ha dicho que por qué no la acompañas a algún sitio y que te necesita. (Igual solo te necesita para aparcar el coche, qué más da.)

Considera cada oportunidad que la vida te presenta como una oportunidad de ayudar a los demás. Ya sé que te estás riendo. Pero no desprecies nunca ninguna situación por pequeña que sea. Puede que no te guste algo en concreto, pero recuerda que nadie tiene tus excelsos gustos. ¡Sé compasivo o compasiva con tu pareja! Así que adelante, a por ello. Y no lo hagas de mal humor y a regañadientes, sino estate contento de que alguien tan maravilloso como tu pareja te haya pedido que la acompañes. Dile que estás encantado de hacerlo, y no lo finjas. Haz de ese momento algo especial. Un compartir la vida haciendo algo que a otra persona le hace feliz. Disfruta con ella de su felicidad y hazla también tuya.

---

* Si no tienes pareja, te puedes saltar esta meditación. O puedes ir a la meditación 11. Pero no te saltes el poema. ☺

Sé generoso con quienes tienes cerca, una y otra vez, no te canses nunca. Entrena tu generosidad en las pequeñas cosas, para cuando tengas que hacerlo en las grandes.

Y luego, ya de vuelta en casa, puedes seguir leyendo tu filosofía china, ¿o era japonesa?

Receta para vivir el amor

350 gramos de amor

250 de empatía

150 de caricias

200 de mirar a los ojos

100 de sinceridad

200 de respirar

150 de libertad

(batir)

350 de no reaccionar según viejos patrones

200 de respeto

250 de compasión

250 de masajes

300 de agradecimiento

(dejar mezclar, al horno)

150 de no dar nada por sentado

200 de apoyo

250 de estar en la naturaleza

300 de ternura y cariño

(decorar a gusto)

Listo para vivir en compañía.

7

Meditación para cuando tu chico/a se pone de mal humor porque no encuentras los zapatos que quieres

¿Por qué nadie parece entender lo importante que son para ti algunas cosas? Por ejemplo, que no te dé igual unos zapatos que otros, una tienda de fruta que otra. A veces la gente que tenemos alrededor simplemente no lo pilla. Te dicen: «Mira, si son iguales. ¿Por qué no te compras estos? Son *casi* iguales y son mucho más baratos». A veces le pides a alguien una cosa y resulta que te trae algo que no es eso, y tú te enfadas. Pero para ti es importante. ¿Cómo explicárselo a los demás? Respuesta: con dulzura y tacto. Saliendo de la respuesta automática del reproche, que no hace más que empeorar las cosas.

El mundo, los que te rodean, tienen mejores cosas que hacer que hacerte la vida imposible o fastidiarte a propósito. La mayor parte de las veces, cuando hacemos sufrir a alguien, lo hacemos por ignorancia. Queremos hacer las cosas bien, pero no sabemos cómo y acabamos formando una gran lío, ¿verdad?

Así que esta situación se ha de resolver mediante la comunicación tranquila y la reflexión. Es decir, has de crear el marco de comunicación adecuado y a partir de ahí hacer llegar el mensaje a los demás sobre las cosas que, por raras que parezcan, son importantes para ti. Como otras pueden ser para ellos.

Una vez una amiga me dijo que su novio, a pesar de que ella siempre le decía que por favor comprara fruta en una buena frutería, él siempre la compraba en una barata, y que eso le hacía daño. Yo le dije a mi amiga: cómprale la cerveza más barata también a él, verás cómo entiende lo que es importante para ti.

Y nada es más importante que lo que es importante para más de uno.

Ponte manos al amor

Ponte manos al amor.
Remángate hacia la entrega.
Agáchate y ordena.
El Amor está al llegar.
Ten pronta la cena,
enciende el incienso y las velas.
El Amor está por llegar.
Siempre llega y en ti celebra.

8

Meditación para cuando te roban la bici (u otra cosa)

Hace poco me robaron una bicicleta mientras daba una clase de yoga. Era una bicicleta bien bonita, amarilla, antigua, con la que me gustaba sentirme *cool* e ir muy rápido.

La había aparcado justo delante del estudio y cuando salí, ya no estaba. Vi el vacío, miré alrededor. Maldije un poco y apreté los puños. Luego hice una broma con un amigo que estaba allí conmigo, su novia estaba en el hospital. ¿Qué demonios importaba mi bici?

También comprendí inmediatamente que si hubiera seguido con aquella bici tan rápida una semana más, lo más seguro era que me hubiera roto la cabeza. Al cabo de dos días me compré otra antigua también bonita, un poco más lenta y más estable, con la que aprendí a montar sin manos, algo que deseaba hacía tiempo. Salí ganando.

Por supuesto que perder algo, o que te lo roben, no es algo que nos guste. Pero por mucho que hablemos de que las cosas son nuestras, en realidad no son nosotros, y al igual que han llegado, pueden tomar otros rumbos. En esta vida, más bien, estamos siempre de prestado, aunque no nos guste reconocerlo.

Utiliza las ocasiones en las que pierdes algo o te lo roban para prepararte para cuando pierdas cosas más importantes. Piensa qué sales ganando, aunque te parezca extraño pensar así. En mi caso, yo gané el seguir vivo. Observa tú también cómo sigues vivo, respirando e intacto, con tu bello cuerpo y tu hermoso corazón. Echa un vistazo a tu maravillosa alma, totalmente ajena y sonriente e invitándote a que sigas adelante y avances en cultivar lo que nadie nunca te podrá robar.

Sí, eso.

Lo que se va ya casi llega

El cielo es el mar del mar, las nubes son sus olas.
Si el día está nublado y triste,
piensa que el cielo está lleno de olas
y que es un buen momento para surfear
y nadar lejos de las rocas.
El cielo es el mar del mar, las nubes son sus olas.
Si el día está gris y no ves el sol,
aprovecha para escuchar la voz de la marea,
que te recuerda que lo que viene se va
y que lo que se va ya casi llega.

9
Meditación para ir en metro

Estoy hablando en serio.

La meditación no suele ser para cuando vas en un Ferrari, aunque también. Ahí medita cualquiera sobre lo maravillosa que es la vida. La meditación, como dijimos antes, es para cuando se necesita, para las situaciones cotidianas, las cuales, si no cambias tu manera de enfrentarte a ellas, te harán perder tus ánimos, tu energía, tu alegría y tu salud.

Pues bien, ahora estás en el metro y todo el mundo está mirando sus teléfonos. Observa la belleza de todos ellos, ahora que nadie te mira. Observa cómo algunos sonríen si están escribiendo algo divertido a alguien. Quizá estén mandando algún mensaje de amor a alguna persona querida, o quizá estén discutiendo con alguien que quisieron. Quién sabe. Pero obsérvalos con sus vidas, mira la belleza de sus ojos, sus rostros con signos de cansancio y queriendo estar en la playa. Pero están ahí, viviendo sus vidas de la mejor manera que saben, yendo a trabajar o volviendo a casa, o a tomar algo con alguien.

Siéntete parte del río de la vida, de la gente que quiere hacer las cosas bien y que quizá no tenga mucho dinero pero que quiere vivir con dignidad de la mejor manera que sabe.

Piensa en lo útil que es el metro en el que viajas y en cómo te lleva velozmente de un sitio a otro en la gran ciudad para ayudarte en tu vida.

No te digo que te enamores del metro, pero aprecia el servicio que te hace. Y, por supuesto, en cuanto puedas, escápate a la naturaleza para sentir lo bella que es.

Vayas donde vayas

Vayas donde vayas, ve preparado para poner amor.

No esperes encontrarlo, pues el amor es tu creación.

Si no lo recibes, es que no lo llevas,

si no lo encuentras, es que no lo das.

Vayas donde vayas, ve preparado para dar amor.

10

Meditación para cuando piensas que tu pareja tiene la culpa de todo*

Tienes toda la razón: tu pareja tiene la culpa de todo. Ja, ja, ja, ja. Oh, venga, y tú, de nada, ¿verdad? Tú eres perfecto o perfecta y nunca te equivocas ni haces nada mal, claro que sí. Estoy por pedirte tu número de teléfono. Me imagino que lo tendrás todo el día sonando... ¿Cómo es vivir siendo perfecto? Quizá me podrías dar algunos consejos. Tú siempre eres cariñoso, amable, servicial, abierto, comprensivo, tolerante, sabes cómo ordenar la cosas, tienes las mejores ideas, limpias bien la cocina, ordenas bien el frigorífico, nunca tratas de imponer tus opiniones, etcétera, etcétera. ¿Sigo? ¿Hace falta? ¿Te sigo tomando el pelo?

Bueno, ya sabes que el secreto del amor es el humor. Y que cuando comienzas a pensar que los demás son peores que tú, entonces te estás buscando un montón de problemas, ya que, lamentablemente para ti, no es cierto. Ni siquiera la persona con la que compartes tu vida hace todo completamente mal. Y creo que si sigues pensando así, tu pareja dejará de serlo bastante pronto.

En la vida se trata de poner el énfasis y la energía en los aspectos positivos de todo, y a partir de ahí, ir mejorando las partes que necesitan ser mejoradas. Empezando por las propias, claro. Porque pensar que los demás, o la gente que te rodea, tiene la culpa de todo es un

---

* Si no tienes pareja, puedes ir de nuevo a la meditación 11. Pero lee el poema. ☺

error de bulto. De esos que hay que corregir pero ya para poder cambiar la perspectiva de la relaciones.

¿O te sigo tomando el pelo? Yo preferiría no hacerlo...

Abecedario de amor

A   me enseñó a dar gracias con cariño
B   me enseñó a estar tranquilo
C   me enseñó que todo es perfecto
D   a cómo ser un niño.
E   me enseñó los ríos
F   me enseñó los abismos
G   me enseñó a levantarme
H   a cómo hacer el desayuno.
I   me enseñó algunos caminos
J   me enseñó a ser adulto
K   me enseñó tempestades
L   a cómo cerrar los puños.
M   me enseñó a ser compasivo
N   me enseñó que todos morimos
O   me enseñó a cómo hacer magia
P   a cómo volver a abrirlos.
Q   me enseñó el amor
R   me enseñó a ver todo en todos
S   me enseñó a escribir versos
T   a cómo sentirlos.
U   me enseñó a ser generoso,
W   me enseñó a no ser muy tonto
X   me enseñó a hacer yoga
Y   a cómo compartirlo
y Z   eres Tú.

Ejercicio mágico 1

1. Encuentra un espacio tranquilo.

2. Siéntate.

3. Pon las manos sobre tus rodillas.

4. Coloca tu espalda un poco más recta sin forzar y lleva los hombros un poco hacia atrás. (Vas muy bien.)

5. Cierra los ojos con suavidad y relaja la piel de tu rostro.

6. Lleva la atención a tu respiración. Respira con serenidad y suavidad. Escúchate respirar.

7. Cuando notes que tu energía se tranquiliza, visualiza un lago en calma o un mar suave al atardecer.

8. Permítete ser ese lago y ese mar dorado.

11

Meditación para cuando no tienes pareja

Por fin hemos llegado a esta meditación. ¡Qué ganas tenía! Bueno, si tienes pareja, te la puedes saltar o releer alguna de las anteriores. O volver a leer algún poema, o dar un paseo, mientras los demás leen este capítulo.

Si esta es tu situación, quizá estás pasando por momentos que te resultan difíciles y probablemente te digas: «Tengo tanto amor que dar y no tengo a quien dárselo». O bien: «Me gustaría tener un poco más de amor en mi vida», ¿verdad?

Pero el asunto está en darse cuenta de que lo importante es ese amor que tú tienes dentro, porque entonces ya tienes el 99% hecho. Te dices que no. Pero déjame que te explique: otros están con una pareja y, sin embargo, les falta ese amor que tú tienes... Y sabes muy bien que se puede vivir solo o acompañado, pero vivir sin amor, eso es morir. Así que alégrate.

De lo segundo que tienes que darte cuenta es de que puedes poner en marcha ese amor, porque si no se estropeará como el agua estancada. Y el plan es el siguiente: comienza a sembrarlo por todas partes, con todo el mundo, en forma de cariño y amabilidad. Tienes que visualizarte como si salieras a la calle y estuvieras esparciendo amor todo el tiempo. No me mires así, te aseguro que no estoy en un psiquiátrico: te prometo que funciona. Lo que te duele es tener el amor retenido en tu interior. Comienza a ponerlo en movimiento y ya verás lo que sucede.

No te preguntes qué puede hacer el amor por ti, sino qué puedes hacer tú por el amor.

Atención: justo la frase anterior es el secreto.

Tú por el amor

Qué puedes hacer tú por el amor,
qué le puedes regalar por estas fiestas.
Cómo puedes hacer que el amor se acreciente,
y que el amor con el que tú le celebras
sea de su talla.
Qué puedes hacer tú por el amor,
cómo puedes ser su mejor amigo,
y el que mejor le canta,
y el que mejor le ama.
Qué puedes hacer tú por el amor,
cómo puedes servirle mejor,
y que él quiera vivir en tu casa.

12
Meditación para cuando juzgas a tus padres

Nunca es tarde para formarse una infancia feliz. Quizá digas que no. Que ya es demasiado tarde. Pero yo te digo que no. Que no lo es.

Quizá tu infancia fue difícil (o muy difícil). Quizá tus padres no estuvieron ni mucho menos a la altura. Estoy seguro de que si fue así, tienes unos cuantos motivos para estar enfadado o enfadada. Así que esta es una meditación muy importante, una meditación que exige de ti que te la tomes muy en serio y que te mires a ti mismo ahora, desde tu absoluto presente, sin dejar que el pasado entre en ti perturbando tu tranquilidad.

Cuando pierdes tu calma es porque el pasado (lo que no existe) o el futuro (que no existe) entran en ti como si dejaras que te habitaran fantasmas. Respira en tu presente, estás viva o vivo, eres un ser maravilloso y único en el universo, tienes una fuente de amor inagotable en el centro de tu pecho. Tienes que darte cuenta de eso y abrir esa fuente hacia todo y hacia todos. Y la forma de amar a los que no creen en el amor, a los que te hicieron o te hacen daño, es la compasión.

Así pues, libérate de esa cadena de dolor que te ofrecieron tus padres y crea libertad hacia tus hijos o hacia los que te rodean. Haz magia, libérate del rencor y vive tu vida hacia tu destino de amor sin importar las pruebas que vengan.

Prométetelo.
Y prométemelo.

Nunca es tarde

Nunca es tarde para crearte un pasado feliz,
para recalcular la distancia.
Nunca es tarde para abrir las alas,
para dar las gracias.
Nunca es tarde para comprender
que lo que sucedió te hizo crecer
y ser más sabia.
Nunca es tarde para ver más y más lejos,
y para permitirte ser la más afortunada.
Nunca es tarde para ver que lo que viviste
hizo más bella tu mirada.
Y nunca es tarde para sencillamente ser
como el agua que pasa.

13

Meditación para cuando eres tu peor amigo

Sucede muy a menudo que somos nuestros peores amigos y nuestros peores entrenadores. No nos dejamos pasar ni media, nos recordamos constantemente todo lo que no somos ni tenemos. Todo lo que nos falta, todo lo que otros tienen y nosotros, no... Nunca una buena palabra de ánimo, nunca un «venga, que lo estás haciendo bien». Nunca un palabra cariñosa hacia uno mismo.

Parece que nos han educado como si el amor solo te lo pudiera dar alguien de fuera. Como si uno en sí mismo no tuviera nada de amor, como si uno solo fuera un gran pozo de resquemor y de insatisfacción. ¿Hasta cuándo te vas a seguir creyendo eso? Libérate de las ideas que te impiden amar, amarte, crecer y ser feliz.

Quizá me digas que es difícil hacerlo, que es difícil cambiar las ideas que llevas creyéndote desde hace tanto tiempo. Pero yo te respondo entonces: ¿qué es más difícil, cambiar de ideas o estar sufriendo e insatisfecho todo el tiempo? Cambiar merece la pena; cuidarte y quererte merece la pena. Abrir tu corazón primero hacia ti y luego hacia los demás es lo único que merece la pena en tu vida.

Y aunque puede que todavía sigas sin creértelo, es la única manera de cambiarte a ti y a todo lo que te rodea, es la piedra de toque. Uno no puede dar lo que no tiene, y si no te permites reconocer el amor que tienes dentro, entonces solo pondrás en movimiento el odio o la indiferencia hacia ti y hacia los demás. Y los demás no podrán hacer nada por ayudarte.

Así que decídete a ser tu mejor entrenador, no uno de esos que chillan a sus jugadores, sino uno de los que saben motivar e inspirar para que cada uno, tú, dé lo mejor de uno mismo.

Sal a ganar en amor en el partido de tu vida.

No te dejes de la mano

Sé tu mejor amigo, apóyate
cuando te vengas abajo.
Sé el entrenador de tu alma,
sé el amante de tu corazón.
Sé tu mejor amigo, no te dejes
de la mano.
Date un abrazo, trátate como
a un hermano.
Sé tu mejor amigo, ámate todo el rato.
Sé el amante de tu alma,
sé el sirviente de tu corazón.

14

Meditación para cuando no puedes más

Hace poco, una amiga me hablaba de una conocida suya, joven madre soltera, que padecía ataques de ansiedad y estrés y cada dos por tres estaba en el hospital. Le dije a mi amiga que yo podía ayudarla con yoga y meditación. Pero me contestó que esta madre no tenía tiempo y estaba ocupada porque tenía mucho que hacer... Ya veo, respondí, yendo al hospital.

Esta meditación, como puedes ver, tiene que ver con la anterior. La más básica forma de amor es el cuidado. Y ni siquiera eso nos damos... Y si no nos permitimos cuidarnos por nosotros mismos, has de hacerlo por los demás.

Tienes que permitirte descansar y abrir espacios en tu vida para hacerlo. De lo contrario, tu vida va a ser la que proteste de una manera muy contundente contra ti. Y si pierdes la salud, la vas a estar añorando toda tu vida. Además, no estás solo, hay gente que depende de ti, que te quiere y necesita. Sé generoso con ellos. Sé generoso con la vida. Elige ver la luz en cada cosa, su belleza.

Has de tomar tu vida en tus manos. Mirarla de frente y ver qué es lo que te ha conducido hasta esta situación y decirte totalmente en serio: «Voy a salir adelante. Voy a salir de esta». Es muy importante que te lo digas, no hace falta que sea con palabras. Pero cuando creas que no puedes más, debes decirte en silencio: «Voy a salir adelante, voy a salir de esta y voy a crecer hacia una vida luminosa».

Has de decirlo tú. No va a servir que alguien te lo diga. Quizá ahora no tengas fuerza ni para eso, pero quédate con la frase para cuando tengas fuerzas. Y cuando la pronuncies, empezarás a encontrar los recursos para salir del paso y volver a brillar.

Esto te lo prometo.

Las grandes puertas

Las grandes pruebas son grandes puertas
que conducen hacia arriba o hacia abajo.
Cuando lleguen —pues han de llegar— mantente determinado.
La corriente será fuerte, te verás arrastrado.
Perderás el pie una y otra vez,
y quizá alguna mano.
Cuando creas que todo
ha cesado, volverá a empezar.
Pero tú mantente determinado.
Con la voluntad de crecer y salir
adelante, sin hacer daño.
Y un día todo habrá pasado
y en la siguiente puerta, ya lo
tendrás más claro.

15

Meditación para cuando sucede algo verdaderamente importante

Te preguntarás a estas alturas si todas las situaciones anteriores no eran importantes. Lo que sucede es que esta meditación es para que te des cuenta de las cosas que son importantes y de las que no lo son. Me dirás que ya lo sabes. Estoy de acuerdo. Pero lo que sucede en el día a día es que nos olvidamos de cuáles lo son y cuáles no, ¿verdad?

Perdemos nuestra calma y nuestra estabilidad por mil pequeñas cosas pequeñas y, al final, parece que nos hubiera pasado un elefante por encima. Nos sentimos descentrados y no podemos pensar con claridad, y eso nos lleva a tomar decisiones inadecuadas, a decir palabras que no queremos decir, a meter la pata y empeorar las cosas.

Por eso has de comprarte e instalarte un radar de situaciones importantes. Es muy fácil de adquirir y, de hecho, ya lo tienes contigo, aunque apenas lo utilices. Este radar de última generación se encuentra situado en el centro del pecho, sí, justo donde te llevas la mano sin pensar cuando te sucede algo *importante*. Tienes que confiar en mí cuando hablo de cosas que no se pueden ver. El radar está ahí, y también la puerta hacia lo que no desaparece.

Por eso, cuando estés a punto de estallar por tantas cosas que parecen importantes pero que *no* lo son, prueba a hacer lo siguiente: imagínate por un momento que te quitas la cabeza (que es donde están todas esas cosas que *parecen* importantes), y prueba a observar el centro de tu pecho. Prueba a inhalar y a exhalar solo por el centro del pecho (venga, prueba) y observa como todas esas cosas desaparecen. Tus preocupaciones no son tú. No les des el mando de tu vida. No hay nada más importante que saber lo que es importante.

Activa ya tu radar.

En las ramas de tu vida

Si tu vida no es como la habías planeado,
alégrate. Si la tormenta te desvía, e incluso
hunde tu barco, considérate afortunado.
Que te pasen muchas cosas, y que no todas
sean malas. Y que en las noches de verano,
sientas que el mundo está de tu lado.
Si tu vida no es como la habías planeado,
da las gracias a los astros, pues de tus lágrimas
nacen flores, y de tu pena nacen lagos.
Que te pasen muchas cosas, y que no sientas
que la vida pasa a tu lado.
Y que en las ramas de tu vida,
vengan a posarse los pájaros.
Si tu vida no es como la habías
planeado, da gracias a la vida
por haberte imaginado.

16

Meditación para cuando tienes una ruptura sentimental

Vaya, antes lo digo y antes nos topamos con una de esas situaciones de las que verdaderamente duelen y son importantes, ¿verdad? Porque... ¿hay acaso algo más importante que amar y ser amado? ¿Y quién no ha derramado lágrimas por ello? Y la verdad es que cuando sucede, uno lo pasa tan mal que es como si todos los cielos de todos los planetas se hubieran apagado, ¿verdad? Se produce algo así como si nos hubieran desconectado del flujo de la vida, como si hubiésemos sido apartados injustamente de repente de la gran danza maravillosa de la vida. Nosotros queríamos seguir bailando la danza del amor y de repente nos encontramos sin pareja de baile y, además, nos duele ver cómo las otras parejas siguen bailando...

Como ya somos adultos, seguro que te ha pasado alguna vez o más de una. Y la verdad es que tú ya comprendes a estas alturas que saber amar es un difícil aprendizaje. El más difícil, por ser también el más importante y el más bello.

Y por eso merece la pena que nunca dejes de aprender nuevos pasos de baile que mejoren tu manera de bailar la danza del amor y que no culpes a tu pareja de baile.

Aprende a bailar la danza del amor siendo siempre generoso y bailarás la más bella danza, y tu pareja de baile será el Amor mismo.

Dítelo a ti misma, a ti mismo: voy a ser la bailarina (o el bailarín) del amor más bella o bello que jamás existió.

No te quites nunca los zapatos de bailar y de amar.

Siempre hay premio.

E-223

Me hubiera gustado que nuestro amor hubiera durado
como un tomate modificado genéticamente.
Me hubiera gustado que nuestro amor se hubiera mantenido fresco
para siempre como una hamburguesa de McDonalds,
ajeno al paso del tiempo, siempre reluciente.
Me hubiera gustado que nuestro amor se hubiera mantenido
inmortal como un sobre de kétchup empaquetado en Holanda, como
unos garbanzos mantenidos tersos con un toque de E-223.
Me hubiera gustado que, como con los sulfitos del vino,
nuestro amor se hubiera mantenido lejos
de las plagas del tiempo y de la vida.
Me hubiera gustado que nuestro
amor nunca envejeciera,
como un kiwi nacido en
Nueva Zelanda, siempre alegre.
Pero nada de esto sucedió ni fue
así, y duró lo que tenía que durar,
y en algún momento su tiempo
llegó, y así fue lo que tenía que ser.

17

Meditación para cuando no tienes wifi en tu móvil

E n serio, este libro es una locura. ¿No hay por ahí un libro de meditación más serio con monjes tibetanos incluidos? Este libro pasa de un tema a otro como si estuviera zapeando en la televisión. Ja, ja, es cierto. Pero es que la vida también es así, ¿verdad? Estamos hablando de cosas del corazón y al instante siguiente te das cuenta de que no tienes wifi y el mundo se derrumba aún más.

Y sin duda, tu cabeza, como hemos visto, consideraría eso de no tener internet como un problema importante. Aunque me temo que el centro de tu pecho se reiría bastante con la *importancia* del caso.

Una de las cosas importantes en tu vida es ir desactivando todas las situaciones a las que reaccionas de manera precipitada y dañina para ti. Puede que nuestra sociedad nos haya enseñado a no pegar un puñetazo a alguien que nos hace enfadar, es decir, a crear un tiempo de contención y de redirección de tu respuesta para no reaccionar con violencia. Pero ante el resto de situaciones cotidianas que demandan serenidad, estamos bastante indefensos y, en muchos casos, seguimos repitiendo esos patrones de violencia contra los demás o contra nosotros mismos. Y un patrón de violencia contra ti mismo se da cada vez que, con una reacción exagerada, desestabilizas tu mente y tu cuerpo. Y ten en cuenta que a tu mente y a tu cuerpo no les gusta nada eso.

Puedes pensar que no les afecta, pero no es así. No es el wifi, es la vida. Es tu salud y tu serenidad, es el amor.

La vida en ti viviendo

No te tomes tu vida personalmente,
porque tu vida no es tu vida.
Porque tu vida es la vida
en ti viviendo.
No le obligues a la vida a tener
malos pensamientos,
porque ella no los tiene,
ni los entiende
y para ella no hay malo
ni bueno.
Convierte tu vida, que no es tu vida,
en algo bello.
Para que cuando eches la vista atrás,
veas a la vida sonriendo.

18

Meditación para cuando estás enfermo

Sí, a esto me refería cuando decía que a tu cuerpo y a tu mente no les da igual cómo les tratas. Cada vez que reaccionas de una manera no mindfulness, sin conciencia, es como si te dieras un pequeño golpe a ti mismo, estropeando tu energía interna, como si hicieras cada vez un pequeño agujero en el barco de la salud de tu vida.

En la tradición de la meditación, la clave para mantener la energía estable es la respiración profunda y controlada. Si no controlas tu respiración, se dice, ella te controlará a ti. Que es lo mismo que decir que si no controlas tu energía, ella te controlará a ti y te convertirás en una hoja tratando de dirigir su vuelo en medio de un tornado.

Si ya estás enfermo, nunca es demasiado tarde para practicar la respiración consciente y poner de tu parte todo lo posible para recuperar la salud, sin la cual todo lo demás está perdido.

Solemos pensar que somos nuestro cuerpo, pero en realidad este no es más que nuestro vehículo para viajar por esta vida y para disfrutar de ella. Piensa en tu cuerpo, pues, como en algo que tienes que cuidar para que te pueda llevar a donde tú quieras y para que no tengas que estar entrando en el taller cada dos por tres.

Así que ya lo sabes, ahora recupérate poniendo todo de tu parte. Y para cuando te recuperes, introduce pautas de salud, mindfulness y movimiento en tu vida. Por pequeñas que sean. Y ya verás los resultados.

Serás el vuelo

También esto pasará.
Las preocupaciones en tu ceño,
la leche derramada,
la mirada en el suelo.
Y apenas recordarás el cansancio,
el mal sueño.
También pasarán estos días,
estas noches, los vencejos.
Y volverás a estar en calma,
riendo, risueño.
También tú pasarás,
y todo será un sueño.
Y, algún día,
serás el vuelo.

19

Meditación para cuando nada parece ir adelante en tu vida

Esta situación también la hemos vivido todos, o quizá te está sucediendo ahora mismo, y se pasa mal. Uno lleva mucho tiempo empujando y trabajando y sembrando lo que quiere ver aparecer en su vida, y nada parece crecer. «¿Por qué no avanzo?», te preguntas. Sientes como si tu vida se hubiera detenido, piensas que de nada sirve esforzarse.

En estas ocasiones, uno ha de mantenerse firme un poco más, porque lo que estás esperando está a punto de llegar. Y quizá no sea exactamente lo que querías, quizá la vida te va a traer un modelo distinto de vida del que tú habías pedido para ti. Entonces tienes que estar dispuesto a recibirlo, porque va a ser mucho mejor que el que habías proyectado. Y la única manera de verlo será cuando pase el tiempo y eches la vista atrás, entonces descubrirás que lo que te llegó fue como una puerta que te abrió un camino que antes no existía.

Si no puedes más y lo estás pasando mal, entonces pide ayuda a alguien que esté un paso por delante de ti en sabiduría. Nos han hecho creer que pedir ayuda es un síntoma de debilidad, pero es todo lo contrario, es un síntoma de inteligencia y confianza en los demás. Además, al hacerlo, ya te estarás ayudando al no identificarte con los problemas, a dejar de pensar que tú eres tus problemas.

A nadie le son ajenas las situaciones difíciles, y donde tú estás ahora, muchos ya han estado y podrán ayudarte. Al igual que otros te pedirán consejo o ayuda a ti cuando se encuentren en una situación parecida a la tuya.

Dite a ti mismo: «Lo voy a lograr y voy a salir adelante».

Quizá

Quizá aún no lo sepas,
pero vas a salir adelante.
La vida es así.
Y siempre sigue su camino,
y nunca se equivoca
ni nunca llega tarde.
Quizá aún no lo sepas,
pero vas a salir adelante.
Porque para la vida no hay delante
ni hay detrás,
y porque, pese a ello,
vas a salir adelante.

20

Meditación para cuando pensabas que habías tocado fondo, pero aún sigues cayendo

¡Ups! Has hecho la meditación anterior y resulta que no es que las cosas no vayan adelante, ¡sino que van hacia abajo! Y te preguntas si alguien se está divirtiendo a tu costa, viéndote caer. A mí me pasó en un momento de mi vida: perdí un trabajo, luego otro, luego perdí a mi pareja, luego apenas tenía casa ni dinero...

Veía mi vida desaparecer y me veía a mí mismo perdiendo todas las identidades que yo pensaba que era. ¿Quién era si no tenía trabajo?, ¿quién era si no lograba publicar un libro?, ¿quién era si no tenía a mi pareja? Surgió un gran vacío y casi me hacía gracia verme caer, buscando sabiduría incluso debajo de las piedras. Curiosamente entonces, cuando me quedé sin esas identidades, me sentí libre. Libre de todas esas etiquetas que definían mi vida hasta el momento.

Las enseñanzas de los grandes maestros dicen que para que se abran las puertas de tu VIDA tan solo has de meditar en la frase «Yo soy». Sin más etiquetas, sin más definiciones.

Así que has de aprovechar esta situación para quitarte todas esas definiciones que te impiden crecer y que te han llevado a la situación en la que ahora te encuentras. No intentes volver a ser quien eras, sería como regresar a un barco hundido, sino que toma la determinación de ser alguien mucho mejor y, aunque todavía no sepas cómo hacerlo, con tu determinación bastará para crear el camino.

Sí, ya sé, ahora estás cayendo.

Pero ve preparándote para lo mejor.

La más bella luz

No es tener una bella casa,
sino ser una bella casa.
Ni tener una buena pareja,
sino serlo.
Ni mirar al Sol en busca de calor,
sino en ser uno la más bella luz.
No es mirar a la vida en busca de sentido
ni intentar llegar a ninguna parte,
sino tan solo respirar con cada poro de tu piel
tan suavemente
que puedas amar todo el universo.

Ejercicio mágico 2

1. Como en el ejercicio 1, encuentra un espacio tranquilo y siéntate con la espalda suavemente recta.

2. Pon las manos sobre tus rodillas o sobre la parte alta de tus muslos y abre el pecho sin forzar.

3. Cierra los ojos.

4. Comienza a respirar por el centro del pecho.

5. Lleva la atención a la inhalación y a la exhalación. Y si te parece, haz la exhalación un poco más larga.

6. (Relájate, solo es respirar por el centro del pecho.)

7. Y cada vez que exhales, relaja más y más toda la zona de tu pecho como si te estuvieras dando un masaje con el aire.

8. Permanece así el tiempo que quieras y permítete ser el tiempo.

21

Meditación para cuando te has separado, pero tienes hijos con tu ex

Cómo es la vida, ¿verdad? Conociste a alguien, te enamoraste, tuviste hijos con esa persona, fuiste la persona más feliz del universo y de repente un día aquí estás, leyendo este capítulo y preguntándote por qué ahora estás separado o separada, y muchas veces estás desbordado y preguntándote por qué las cosas se complicaron tanto y por qué todavía la relación con tu ex pareja es difícil. ¿Te dolió mucho? ¿Todavía le quieres y el amor no es correspondido? ¿Todavía sigues guardándole rencor? Bueno, te diré que es perfectamente normal, porque estás enfadado. Muchas veces no nos queremos permitir sentir lo que sentimos, lo tratamos de evitar porque pensamos que no está bien. Y al hacer esto, lo único que hacemos es agrandarlo, magnificarlo, alimentarlo dentro de nosotros mientras nos devora.

Así que permítete observar lo que sientes, y reconocerlo, porque ignorarlo es como ignorar los avisos de avería que te da tu coche. No suele ser una buena idea.

Ya, me dices, pero una vez que lo observe y que me permita sentirlo, ¿qué va a suceder?. Y la respuesta es que está en tus manos lo que va a suceder. Tu vida no está gobernada por poderes extraños dedicados exclusivamente a hacértelo pasar mal. Tú tienes la posibilidad de cambiar las situaciones y las dinámicas que no funcionan en tu vida poniendo de tu parte todo lo que puedas. Por supuesto, no esperes que las situaciones difíciles, y que uno lleva tanto tiempo complicando, vayan a cambiar de la noche a la mañana. Pero mejor cambiar que sufrir. ¿O no?

No hay nada imposible.

Sean lo difíciles que sean tus circunstancias, siempre puedes mejorarlas o empeorarlas. Y cuando no sepas qué hacer, toma el camino de la generosidad y del amor y a ver qué pasa.

Y ya sabes lo que va a pasar.

Lo (im)posible

Lo imposible es necesario:
cómo desayunar sin prisa
cómo amar a los que tienes cerca
cómo no juzgar
cómo ser agradecido.
Lo imposible es urgente:
cómo ser generoso
cómo estar siempre para
los demás cómo tener
un millón de dólares cómo
ser valiente y cariñoso a la vez.
Lo imposible toca ya:
cómo confiar en la vida
cómo vivir en el presente
cómo ser parte de la felicidad
cómo ser amor.

22

Meditación para cuando te estás convirtiendo en un gruñón

Bueno, esta situación también es un clásico en nuestras vidas. No digo que tú lo seas, pero en cuanto nos descuidamos, siempre echamos mano del mal humor y del reproche como si con eso ganásemos algo. Sí, ya sé que todos tenemos muchas cosas que hacer y que tu jefe en el trabajo y que tus clientes siempre están pidiendo. Pero, escúchame, ¿quién sale perdiendo con tu mal humor? Y no solo tú, porque si tú estás de mal humor, creas tensiones a tu alrededor y se comienza a vivir como en una especie de parque temático del reproche y del resentimiento... Date cuenta de esto.

La mayor parte de las veces, si alguien nos hace notar cómo nos estamos comportando, solemos responder: «Es que yo soy así». Pero está comprobado que cuando decimos esa frase, siempre la usamos para justificar aspectos negativos: nuestro mal genio, nuestro orgullo, nuestra falta de paciencia y de escucha hacia el otro.

Como vimos hace unas páginas, tú no eres *así* ni de ninguna manera. Tú simplemente *eres*, y puedes adoptar cualquier comportamiento y cualidad en tu vida, como si eligieras vestidos. ¿Con qué te quieres recubrir? ¿Con cualidades hermosas de compasión y altruismo y bondad? ¿O quieres identificarte con ropas que te quedan mal, te hacen daño, de ponen de mal humor y crean dolor en ti y a tu alrededor?

Estate atento a quitarte las viejas ropas que ya no te quedan bien. Conviértete en una o en un supermodelo de la ropa del amor. Cuando te quieras dar cuenta, irremediablemente se habrá pegado a ti y ya serás el amor. ♥

El gimnasio del amor

Practica amor y amabilidad
como si levantaras pesas.
Ve al gimnasio del amor.
Si no consigues amar hoy,
quizá lo consigas mañana.
No desistas ni abandones.
Mantente determinado.
Cuida tu cuerpo y tu mente
para amar mejor.
Quizá otros lo hagan mejor que tú.
Entonces aprende de ellos,
pregúntales sus pequeños trucos.
Observa sus movimientos.
Cómo giran sus muñecas
para que el amor no pese.
(Porque no pesa).
Y entonces ama a tu bella manera.

23

Meditación para cuando estás dando en tu vida demasiadas cosas por supuestas

Si estás leyendo esto, tienes ojos, y si lo puedes leer es que sabes leer. Si estás leyendo esto es que tuviste un poco de dinero para comprarte este pequeño libro o a alguien que te quería te lo regaló. Si estás leyendo es que estás vivo (y la vida es un gran don). Si estás leyendo esto es que te interesa mejorar tu vida, y si estás leyendo esto, te diste cuenta de que la vida que llevabas hasta ahora te hacía más mal que bien. Si estás leyendo esto es que tienes sentido del humor y capacidad para que yo te tome el pelo, y, como es sabido, el humor es la llave del amor. Y si tienes humor, tienes amor a la vida, y si tienes amor a la vida, ya lo tienes todo. Y si tienes todo, ya no necesitas más. Y si no necesitas más, amigo, es que puedes dar todo el tiempo. Y si puedes dar todo el tiempo, entonces la vida te estará devolviendo todo el tiempo.

La vida tiene la extraña manía de crear lo que tú piensas. O dicho de otro modo, la vida no es algo que está fuera de ti, sino que tú también eres la vida. Y tu cerebro es un motorcito siempre afanándose por dar forma a tus pensamientos... Así que si tú vives en un permanente estado de sentimiento de escasez, tú, la vida, es lo que vas a crear a tu alrededor.

Por lo tanto, ya sé que te hacen falta un par de cosas, y que un poco más de dinero y quizá de amor no te irían mal, pero enfócate y date cuenta y da las gracias por todo lo que eres y tienes y deja que las cosas sigan su curso.

Siente que, pese a todo, tienes una vida maravillosa y eres maravilloso. Ese es el motor para cambiar.

Celébrate en tu sencillez

Confórmate con ser quien eres,
alguien simple y absolutamente maravilloso.
Confórmate con tener tus bellos ojos,
tus increíbles manos con cinco dedos cada una.
Tus dos orejas, y las curvas de tu
cuerpo, que te hacen un ser tan precioso.
Confórmate con ser absolutamente genial,
perfecto tal y como eres.
Confórmate con tu belleza, con tu increíblemente
hermoso corazón. Con tu generosidad,
tu pasión, tus ganas de vivir y de ser feliz.
Celébrate en tu sencillez, en irte
a la cama cansado pero tranquilo.
Quizá inquieto por el mañana,
pero con la confianza de que
lo sabrás hacer bien.
Confórmate con ser quien eres,
alguien bello por los cinco sentidos,
por las seis direcciones, por los infinitos
lagos.

24
Meditación para cuando discutes con tu pareja

Ni qué decir tiene que si no discutes con tu pareja (enhorabuena), te puedes saltar este capítulo (y el siguiente). Pero si lo haces —discutir con tu pareja—, entonces lee atento porque, como sabes muy bien, el mundo de los sentimientos es el que más feliz nos hace y el que más daño nos puede hacer. Como decía el poeta Lope de Vega, esto es amor, quien lo probó lo sabe.

Y la verdad es que el amor nos da muchos dolores de cabeza, y más de corazón. Le pedimos demasiadas cosas al amor: que nos haga felices, que nos haga plenos, que nos haga cosquillas, que nos haga tocar las estrellas, que nos proteja, que nos haga compañía, que nos dé masajes y que nos haga, de paso, una tortilla. Le pedimos que sea comprensivo y que sea como nosotros queremos que sea. Le pedimos que nos resguarde y que nos deje libres, que haga la compra, que se ocupe de los niños, que traiga dinero a casa, que tenga iniciativa y que nos salve de todos nuestros miedos.

¿Te suena? Al amor lo metemos en todas partes, lo involucramos en el día a día, en nuestras conversaciones, en nuestras preocupaciones, en nuestras ignorancias y en nuestro egoísmo. Lo hacemos partícipe de nuestro mal humor, de nuestros prejuicios, de nuestras ideas de que solo nosotros tenemos la razón. Y, por supuesto, al amor lo involucramos en nuestras discusiones de pareja. ¿Verdad? Pero ¿qué tiene que ver el amor con todo esto?, ¿qué tiene que ver con las discusiones, con tus reproches y críticas a quien tienes a tu lado?

No te preguntes qué puede hacer el amor por ti, sino qué puedes hacer tú por el amor.

Conviértete en el servidor del amor, y él te hará su rey. El rey o la reina del amor, ¿qué te parece?

No le duelas tú al amor

El amor no duele, solo quema, destruye,
arrasa con los cimientos de tu corazón.
Lo arroja al barro, lo arrastra por las
calles de los arrabales, ante la indiferencia
de las sucias palomas.
El amor no duele, solo hace tanto daño
que quisieras morir, para descansar.
Para hallar en la Nada, paz, consuelo,
arrullo, cariño.
El amor no duele, tan solo te hace llorar
en la noche, y suspirar y pedir a los
cielos clemencia.
Suplicar al Universo piedad, la pócima
secreta contra el amor, el antídoto que
lo saque de tu pecho y te permita respirar.
El amor no duele,
no le duelas tú al amor.

25

Meditación para cuando discutes con tu pareja (2)

Bueno, si te has saltado la anterior meditación porque nunca discutes, también te puedes saltar esta y aprovechar para estirar un poco las piernas.

Si vienes de la meditación anterior y te rechina un poco eso de ser el rey o la reina del amor, puedes hacer como que no va contigo. Pero todo lo anterior sí que va. Y sobre todo eso de no preguntarse qué puede hacer el amor por ti, sino qué puedes hacer tú por el amor.

Quizá me digas que tú haces mucho por tu pareja, pero que ella o él no hacen nada por ti. Si es el caso, te diré que le cojas de la mano y le digas que estás leyendo un libro muy raro que dice eso de que hay que servir al amor. Dile esa frase, y no pretendas que la ponga en práctica solo tu pareja, pues se trata de un proyecto en conjunto, la de servir *ambos* al amor. Solo así la cosa funcionará para comenzar a tener una relación más sana y amorosa, independientemente de si vais a seguir juntos o no.

La relación de pareja es un maravilloso campo de aprendizaje de la generosidad y el apoyo a los demás. Y recuerda que ahí tienes muchas lecciones de tolerancia y respeto que aprender. Y si no las aprendes, las situaciones difíciles y dolorosas volverán a repetirse una y otra vez en tu vida, aunque cambies de pareja.

Recuerda que tu pareja no tiene la culpa (o la responsabilidad) de lo malo ni de lo bueno que sucede en tu vida, sino tú mismo. Cambia tu manera de ver la vida y cambiarás tu vida.

Amar es urgente

Amar es urgente,
los precios del amor están subiendo,
ya hay colas en los párpados.
El chico del supermercado
no llegó hoy, y los pájaros no cantaron.
Amar es urgente,
han cambiado la hora.
Ayer hubo náufragos, entre los campos de mies
serpentean los exiliados.
En los mercados de futuros, las acciones
se dispararon.
Hubo ventas masivas de amor,
que otros compraron.
Amar es urgente, me lo dijeron
los gatos.
Cuando fui hacia el mar,
las olas y los cielos
lo confirmaron.

26

Meditación para cuando te sientes peor que todos los demás

Y luego hay veces, ¿verdad?, tantas veces, que te sientes tan pequeño o pequeña. Que sientes que siempre son los otros los que saben, los que hacen las cosas bien, los que nunca meten la pata, los que nunca pierden los nervios, los que van por ahí volando por la vida mientras tú apenas sabes nada.

Bueno, eso tiene que cambiar. Ya llevas demasiado tiempo en tu vida sintiéndote así. Cada vez siendo, como vimos en la meditación 13, tu peor entrenador. ¿Te imaginas un jugador que saliera al campo de juego diciéndose todo el tiempo que todos los demás son mejores, que él o ella apenas vale nada? No llegaría muy lejos, ¿verdad?

Entonces, si eres capaz de entender esta comparación fácilmente, ¿por qué no empiezas a ser el mejor jugador de la vida? Animándote en los momentos de dificultad y felicitándote cada vez que intentas hacer las cosas bien.

Es muy importante que cambies tus patrones mentales, porque ya dijimos que uno se acaba convirtiendo en lo que piensa, y en lo que piensa de sí mismo. No se trata de ninguna competición, ni de que te creas mejor que nadie, sino de una exploración sobre tus propios dones. Y nadie puede ser mejor tú que tú mismo.

Confía en ti. Sal a la vida a ser tu mejor yo.

Y la vida saldrá a tu vida a ser la mejor ella.

Si te pudieras ver

Si tú te pudieras ver, como yo te veo,
lo bella que eres, la garza, el reflejo.
Si pudieras sentir el batir
de tu sangre, la respiración
en tu pecho, como yo los siento.
Si pudieras ver lo hermosa que eres,
lo preciosa, lo inteligente
y generosa.
Si, sin mirarte al espejo, te vieras así,
y así te sintieras, tu corazón se rompería
de belleza, se derretirían los miedos,
levantarías el cielo.
Si te pudieras ver, como yo te veo,
y te permitieras ser quien eres,
suave, y valiente,
el vuelo.

27
Meditación para ir a la naturaleza

Y tu mejor vida tiene que ver con la naturaleza porque, ¡chas!, adivina: ¡Tú eres la naturaleza! Solemos pensar que la naturaleza es algo que está fuera de nosotros... pero piénsalo, ¿qué eres? ¿Eres un marciano de otro planeta o vives aquí en este planeta y la naturaleza te ha creado? Con el paso del tiempo, y para protegerse, el ser humano, como otros seres, se agrupó y creó los pueblos y ciudades, *se separó del resto de la naturaleza*. Y hemos llegado a un punto que, de tanto vivir en nuestras ciudades, creemos que la naturaleza es todo lo que no somos nosotros... Así que solemos decir: «Voy a salir a la naturaleza». ¿Cómo? ¿Vas a salir a ti mismo? Pero si tú ya estás en ti mismo. No puedes salir a ti porque *ti* eres ya tú. (Perdón por el juego de palabras.)

Pero lo que quiero decir es que para llegar a la naturaleza, lo que te tienes que quitar de encima es la idea de que la naturaleza está en otra parte. ¡Tú eres la maldita naturaleza! Perdón que me ponga así, pero es que es importante. Porque mientras no permitas que esta idea entre en ti, nunca llegarás a la naturaleza por mucho que vayas a ella. Siempre estarás en ella con un sentimiento de separación, te sentirás exiliado de su belleza y su paz.

Así que recuerda, ve a la naturaleza siendo ella, y volverás de ella siendo más tú.

Déjate encontrar

Busca un árbol, o mejor,
deja que él te encuentre.
Y cuando lo veas, o él te mire,
siéntate junto a él
y deja que él te cuide.

28
Meditación para ser madre

Si lo vas a ser, o ya lo eres, enhorabuena. Si crees que ya no lo puedes ser, o querías serlo pero no se dio, has de saber que hay muchas maneras de ser madre, y que todas tienen que ver con el cuidado y con el amor. Así que si cuidas a alguien y te preocupas por los demás, ya eres madre de muchos.

Siente que contribuyes cada día a transferir lo mejor de ti a los que te rodean, porque, en realidad, todos somos madres y padres de todos, porque todos influimos en todos. ¿Ves? También enhorabuena para ti.

Así que sea cual sea tu situación, siempre eres una madre (o padre). Todo es una relación con el Universo. En realidad, si lo queremos ver así, siempre estás en una relación con el Universo y tú eres el Universo mismo. El Universo es tu pareja, tu padre, tu madre y tus hijos. Es tus hermanos, tus conocidos y tus desconocidos.

Así que es clave que uno deje de considerar el ser madre como un trabajo y que comencemos a verlo como una relación de intercambio y de cuidado en ambas direcciones, de ti hacia tu hijo y de tu hijo hacia ti. Y es muy importante que en esta relación siembres amor en tu hijo y que te dejes sembrar el amor que recibes de él en tu corazón.

Tener hijos, ser madre o padre del Universo es algo milagroso, un don por muy difícil que a veces sea y por muchas dificultades que a veces traiga a nuestras vidas. Si estás en dificultades, no dudes en buscar apoyo y ayuda, y no olvides que tú misma has de nutrirte de cosas bellas para poder darlas a tus hijos (que son todos los seres del Universo).

La mano y la semilla

Cuando abrazas a alguien, a ti te abrazas,
y cuando eres amable, contigo lo eres.
Cuando das amor, a ti te lo das,
y cuando odias, contigo te hieres.
Tú eres la mano que planta
y la semilla que crece.

29
Meditación para ser padre

Esta meditación es muy parecida a la anterior, aunque tú seas un tipo con barba. Porque como hemos visto, tú tampoco tienes un trabajo como padre, sino que estás en una relación con tu hijo. Una relación que se ha venido a sumar a la que tenías con tu pareja. Así que ahora estáis los tres en una relación más rica, con más contrastes y retos, donde lo único realmente importante es cuánto amor pones en ella, hacia los otros integrantes de esa relación.

Si tienes hijos, ya conoces todas las pequeñas pruebas diarias donde puedes demostrar de qué estás hecho. Y si vas a ser padre pronto o lo acabas de ser, una cosa que siempre ayuda saber es esta: vas a perder los nervios muchas veces, muchas veces no vas a saber qué hacer y vas a echarle la culpa de muchas cosas a tu pareja, y ella, a ti.

En el transcurso del crecimiento de vuestro hijo van a darse dificultades porque, además, en esta época, cada uno quiere seguir creciendo y desarrollándose como individuo. Y está muy bien. Pero el truco es que cada uno en la relación integre lo que va aprendiendo en la relación común para que así todos puedan aprovecharse y crecer al mismo tiempo.

Recuerda que aunque a cada uno le gusten unas cosas u otras, todo forma parte de la creatividad, y vivir creativamente es lo que hace crecer.

Y ya sabes, de metedura de pata en metedura de pata, hasta la victoria final. ☺

A menudo, algún día

A menudo quieres hacer las cosas bien,
pero solo te sale la vida.
Quieres salvar al saltamontes, pero matas
a la hormiga.
Piensas que puedes ayudar, y solo obtienes
furia. Y cuando crees que estás a salvo,
es más dura la caída.
A menudo quieres amar,
pero solo te sale la ira y, al ir
a despertar, alguien —y eres tú— grita.
Algún día, sin embargo,
cuando quieras hacer las cosas bien,
saldrán bien.
Y tu ira estará vacía.

30
Meditación para cuando tus hijos pequeños no duermen bien por la noche

Esta meditación es muy sencilla: aunque te parezca increíble, algún día acabarán durmiendo bien. Ten mucha paciencia y amor.

Días por venir

Van a venir días muy distintos a estos,
días que no esperas, días plenos.
Días como las cataratas del Niágara, en las que nunca has estado.
Van a venir días así, danzando.
Días como niños jugando en los parques, en las salas
de los hospitales, con gente valiente, llorando.
Días así que ya están llegando como cormoranes volando,
sobre el océano.
Van a venir días de manos vacías, de lavar platos, de bajar la basura,
de lunas de agosto, sobre los álamos.
Días para regalar, para crear, para crecer,
para cruzar los mares del miedo,
con Moby Dick de la mano.
Recuérdalo cuando lo olvides,
cuando no sepas qué hacer
y nada esté claro.

Ejercicio mágico 3

1. Adopta la misma posición que en los ejercicios anteriores. Puedes cambiar las manos si quieres, pero mantén la espalda recta.

2. Te puede ayudar imaginar que tienes un pequeño hilo en el tope de la cabeza y que alguien tira suavemente de él.

3. Cierra los ojos. Y conecta con tu inhalación y con tu exhalación.

4. Observa tu mente y los pensamientos que surgen a toda velocidad.

5. Observa tus pensamientos cruzar tu mente como si fueran pájaros en el horizonte.

6. No intentes detener los pensamientos que no te gustan o que no te parecen importantes.

7. Sencillamente, imagina que tus pensamientos son pájaros y, al igual que si vieras un pájaro que te gustase lo seguirías con atención, haz lo mismo con tus mejores pensamientos.

8. A los otros pájaros-pensamientos déjalos marchar.

9. Conviértete en un observador de tus bellos pájaros. Con el tiempo, todos tus pensamientos lo serán.

31

Meditación para cuando habías puesto muchas esperanzas en tu nuevo novio/a, pero la cosa no funciona

¡Ay! Eso duele. Mucho. Es como si hubieras pensado que te había tocado el gordo de la lotería y resulta que todo había sido un sueño. Qué desilusión... (Por supuesto que si ya tienes novio o novia, te puedes saltar este capítulo.)

Bueno, pero una vez que ya has utilizado varias cajas de clínex, hay que empezar a ponerse manos a la obra para reevaluar esos daños. En primer lugar, uno debe desprenderse del papel de víctima de la vida de encima. La vida no tiene ninguna intención de fastidiarte. No se levanta cada mañana para ver cómo te puede poner las cosas difíciles. (Ok, aunque lo parezca.) Pero veamos, otras veces has sido tú el que has roto por ahí el corazón de alguien, el que ha truncado alguna esperanza de alguien. ¿O no? Así que eso debería bastarnos para quitarnos el papel de víctima. Piénsalo...

Y a partir de ahí hemos de dejar de pensar que cada vez que encontramos a alguien por el que nos sentimos atraídos, la única manera de relacionarnos con esa persona es a través de una relación de pareja o amorosa. Hemos de dar un espacio a ese encuentro para que podamos ver con claridad para qué ha surgido. Si inmediatamente ese encuentro lo clasificamos como una relación sentimental, no dejaremos que esa persona nos dé lo que ha venido a darnos, y viceversa. Haz la prueba la próxima vez.

Además, ten en cuenta que, suceda lo que suceda, la verdadera relación que tú tienes es con el amor. Encuentra la manera de ser la pareja estable del amor y todo lo demás se te dará por añadidura.

Sé un maestro del amor

Sé un maestro del amor,
no te conformes con menos.
Podrás fracasar en tus proyectos,
perder o ganar dinero, pero sé
un maestro del amor.
Cuando te caigas, levántate.
Cuando pierdas la esperanza, vuélvela a encontrar.
Pues el universo necesita de tu manera de amar,
—única e inigualable, preciosa—,
y sin ella todo pierde su sentido:
los precios suben
y se apagan los semáforos.
Sé un maestro del amor,
no te conformes con menos.

32

Meditación para cuando te hacen la vida imposible en el trabajo

Esta seguro que te suena, ¿a que sí? Nuestro día a día es bastante demandante. A veces las sociedades pasan por unas fases que son mejores y otras que se ponen un poco más cuesta arriba. Y nuestra fuente de sufrimiento consiste en creernos esclavos de ellas. O en tratar de controlarlas. Nos sentimos como unas marionetas, manejados por hilos que alguien sostiene desde lejos. Querríamos estar en otra parte, hacer otro trabajo, estar más tiempo con nuestros hijos, estar en un sitio con una mejor atmósfera. Pero esos hilos no te dejan, ¿verdad?

La cuestión es hasta qué punto dejas que otros muevan los hilos de tu vida. Muchas veces nos comportamos como niños que prefieren seguir pensando que sus padres (otros) son los responsables de su felicidad o infelicidad. Pero la verdad es que cuando somos adultos esto no es así, por muy cómodo, e incómodo al mismo tiempo, que nos resulte seguir pensándolo. Y la única manera de cambiar la situación de tu vida que no te gusta es dejar de pensar que tú no tienes la llave para cambiarla.

Estés donde estés, tienes que volver a creer en ti, en que, por muy difícil que parezca, puedes tomar de nuevo el timón de tu vida. Es una decisión completamente tuya, y cada excusa que te digas no será más que un obstáculo que te pongas en tu camino.

Si no te gusta la vida que otros han imaginado para ti, ponte en marcha hacia la vida que tú te imagines para ti. Te está esperando.

No pierdas ni un segundo.

Sé el maestro de tu vida

Sé el maestro de tu vida, mantén alta esa sonrisa.
Si quieres poner un par de nubes, de acuerdo.
Pero suficiente.
Luego pon unos cuantos árboles de tu color verde favorito.
Para tus mañanas, si me permites la sugerencia, recomiendo
buen humor, fruta y algunos movimientos para ponerte
en marcha para el día.
Para las tardes, yo recomendaría paz y quizá algún vaso
de ese vino que no es caro y que está bien,
y que puedes encontrar en casi cualquier tienda
de tu barrio.
Sé el maestro de tu vida, gira hacia la izquierda
o muévete hacia las estrellas.
Porque todas las cosas que
te rodean no son más
que el escenario que tú creas.

33

Meditación para cuando no tienes trabajo

Esta seguro que, o te suena ahora mismo, o te ha sonado o te va a sonar, porque también es una situación normal de nuestra sociedad. Hace no mucho, la realidad nos parecía un poco más sólida, pero ahora vivimos tiempos un poco más líquidos, por no decir que son de aire. ¿Qué puedes hacer? En esta situación, de nuevo, como en la anterior, has de retomar el poder de dirigir tu vida. Puedes quejarte contra el sistema, pero a no ser que quieras utilizar ese sentimiento para tratar de cambiar las cosas haciendo política, no te va a servir de mucho quejarte.

Sí, puede que sea una época difícil (cada una lo es a su manera) pero lo único que te queda es tu determinación de salir adelante, de convertirte en un surfista de las olas de los tiempos difíciles. Utiliza todos los medios que puedas para salir del paso y no te rindas por muy oscura que parezca la noche. Encuentra un momento de calma en tu situación para ver con más claridad cuáles son los pasos que has de seguir para encontrar la manera de liberarte de tus preocupaciones económicas.

No te cierres puertas, permítete crecer hacia otros trabajos o aptitudes que tú mismo te habías hecho creer que no eran para ti o que no sabrías desempeñarlos. También permítete pedir ayuda a tus amigos y conocidos, exprésate con claridad y calma para que los demás sepan lo que estás buscando y cómo pueden ayudarte.

Y en el camino, estate siempre dispuesto a ayudar a los demás y a no dejarte caer en el desánimo.

Algo que dar

Toma lo que la vida te da.

Si peras, peras.

Si manzanas, manzanas.

Si te toca compartirte, alégrate.

Si te toca soledad, hazla sonora, para que luego puedas compartir su dulce melodía.

Toma lo que la vida te da.

Estate a la altura de sus trancas y barrancas.

—qué aburridos son los hoteles de cinco estrellas,

a veces una pequeña casa tiene la belleza que no te esperas—.

Cuando te digas que no puedes más,

encuentra algo que dar, desde un beso a una cena.

Toma lo que la vida te da.

Dale a la vida lo que quieras

que te devuelva.

34

Meditación para cuando tienes la casa hecha un desastre

Solemos pensar que el desorden de los demás es desorden, mientras que el nuestro es una muestra de nuestra personalidad... Bueno, pues si esa es tu personalidad, ¿seguro que no quieres otra? Como vimos en la meditación 22, cuando decimos que nosotros somos de una determinada manera, en realidad lo que estamos haciendo es tratar de justificar algo que, francamente, podríamos hacer mucho mejor...

A veces pensamos que el mundo es un desastre y nos desanimamos, pero lo poco que podemos hacer, empezando por nuestro entorno inmediato, no lo hacemos. En realidad, tu entorno exterior no es más que la inmediata proyección de tu mundo interior. Observa bien, pues, cómo vives, qué entorno tienes, porque eso te dará una pista de cómo estás por dentro. ¿Tienes demasiadas cosas alrededor? ¿Tienes demasiada ropa? ¿Tu casa francamente necesita un repaso?

Si no sabes por dónde empezar, empieza simplificando y teniendo menos cosas alrededor (menos pensamientos en tu interior). Cuanto más armónico y sencillo sea tu espacio, mejor. Creará la atmósfera adecuada para que te encuentres bien.

Simplifica tu vida. Adquiere hábitos sencillos que te hagan valorar la maravilla de estar vivo. Embellécete por dentro, embellécete por fuera para hacer el mundo más hermoso.

Uno con el todo

Que la luz te acompañe,
que las olas del amor enriquezcan tu vida.
Que los días oscuros te den fuerza,
que tus lágrimas rieguen tus plantas.
Que la música te acompañe
convirtiendo la pena en alegría.
Que seas luz,
alegría,
agua,
paz y armonía.
Y que seas uno conmigo, amigo,
y uno con el Todo.

35

Meditación para cuando crees que necesitas unos zapatos nuevos

Necesitar unos zapatos (o cualquier otra cosa) es normal. Pero otra cosa es *creer* que los necesitas... Así como creer que necesitas un montón de cosas que en realidad no necesitas. Como hemos visto en la meditación anterior, el camino es hacia la sencillez y no hacia la complicación. Como reza el dicho: «Menos es más». Menos es más calma, menos preocupaciones y un mayor espacio para lo que no ocupa lugar, que es la serenidad que vive en tu interior y que, siempre que crece en ti, te hace más libre y más ligero.

Hemos de darnos cuenta de que hemos convertido las ciudades, por no hablar de la televisión o internet, en una suerte de parques temáticos del consumo. En ellos vivimos sin darnos cuenta, porque nos hemos acostumbrado a ellos. La naturaleza, al contrario, no dice «cómprame» sino: «aquí estoy para ti». Y como recordarás, tú eres la naturaleza, así que el mensaje acaba siendo: yo (tú) estoy aquí para todos.

Puedes cambiar la manera de relacionarte con lo que ves en la ciudad o con el mundo diciendo: «Oh, sí, qué de cosas bonitas, pero ¿de verdad que necesito hacerlas mías? ¿No me basta con celebrarlas?». Este cambio de mirada es importante porque el consumismo se ha extendido también hacia las personas, y estamos desarrollando un modo de relacionarnos con los demás que es casi consumiéndolos, queriendo poseerlos... ¿te suena?

Celebra la vida, toma lo que necesites, pero no lo que creías hasta ahora que necesitabas.

Dieta milagro

Aliméntate con amor,
añádelo en tu desayuno,
ponlo en la fruta de la mañana.
(Va bien con los cereales y con las tostadas.)
A media mañana puedes ponerlo
en el té o tomarlo con agua,
y para el almuerzo como *dressing*
de alguna ensalada.
Aliméntate con amor,
no cuesta nada, es apto para veganos,
y para los que no creen en nada.
Se toma también como postre,
y te ilumina la mirada.
Al final del día no te sentirás
pesado, y nunca se acaba.

36

Meditación para cuando te empeñas en buscar tu felicidad en lugares equivocados

Esta meditación tiene bastante que ver con la anterior (para que luego te quejes de que no hay orden ni sentido en el libro), y reflexiona sobre la causa, quizá, de todos nuestros pesares. Porque, al buscar la felicidad en los lugares donde no se encuentra, no podemos hacer sino que fracasar una y otra vez. Y el precio de este fracaso es la insatisfacción y la infelicidad.

La infelicidad es como cuando tienes hambre y solo te alimentas de chucherías y de dulces: no vas a saciar el hambre y te pondrás enfermo. Si tienes hambre de felicidad, has de alimentarte de serenidad. Poco a poco has de llevar con calma tu atención desde el exterior hacia tu interior. Sí, ya sé que esto es difícil, pues no nos gusta mirar hacia dentro porque normalmente somos como una casa desordenada (ver meditación 34). Pero alguna vez hay que empezar a limpiar y a ordenar, ¿no? Si no lo haces, tarde o temprano, de tanto comer dulces o tropezar siempre en los mismos falsos hábitos, vas a perder la alegría.

Así que, de algún modo, has de recuperar tu conexión con quien tú eres o, dicho de otro modo, has de encontrar de nuevo tu espiritualidad. Y para ello no es necesaria la religión. Recuperar la espiritualidad significa darte cuenta de que eres una fuente inagotable de bondad y de generosidad, y de que ese es el camino para cualquier cosa que merezca la pena.

Nuevos caminos

Para ir a donde quieres, has de ir por donde no has ido,
dejar ese camino que no te lleva a tu destino.
Para llegar a ser el que eres,
has de ser el que no has sido.
Si con la ira no funcionó, prueba quizá con el cariño.
Si con el egoísmo todo se estropeó, prueba a ser tú mismo.
Para llegar a donde quieres, has de ir por donde no has ido,
y pronto descubrirás que tú eres tu destino.

37
Meditación para cuando vas al dentista

Otra vez está Javier saltando de una cosa a otra sin ton ni son. Ya, ya, pero es que la vida también está llena de sorpresas. Un día estás feliz y contento y has hecho la meditación 36 y estás lleno de serenidad y ¡zas!, te despiertas en mitad de la noche con un terrible dolor de muelas y pierdes todas tus esperanzas de golpe, ¿verdad?

Como ya hemos visto, las pequeñas pruebas de cada día son entrenamientos para las grandes pruebas. Son como entrenar cada día unos pocos kilómetros para cuando corras la maratón.

Aquí también has de recalcular tu mirada hacia el agradecimiento. Hace poco sufrí un fuerte dolor de muelas, y cuando la dentista me atendió, estaba contento. Ella me preguntó que por qué estaba contento, y le respondí que porque tenía la suerte de que, si me dolían los dientes, podía ir al dentista a que me cuidara.

Y la verdad es que si estás leyendo esto en una parte del mundo donde hay buenos médicos y puedes acceder a ellos con cierta facilidad, has de estar muy agradecido. Porque ya sabes que no es así en muchos lugares. No te digo que estés dando botes de alegría cuando se te saltan las lágrimas de dolor, pero sí que pongas en el otro lado de la balanza del dolor lo afortunado que eres. Y te aseguro que, mientras dure la prueba, la soportarás mejor y con mayor entereza.

Si alguna vez en tu vida no sabes cómo rezar, simplemente di gracias.

Por la aventura, por la gracia

Si la vida te golpea duro, digamos que muy duro,
(y lo va a hacer), deja que te derribe como si fueras
una pequeña hoja más ligera que tu aliento.
Si la vida te golpea sin piedad, haciéndote llorar
y con ganas acaso de no haber nacido,
déjala pensar que está ganando, concédele al menos
eso, déjala que te exprima como si fueras una naranja
o que te dé vueltas como un rollo de *sushi*.
Pero luego, mi amigo, límpiate el polvo de tus ropas.
Encuentra dónde había quedado tu sonrisa,
y continúa dando las gracias, por la aventura,
por la gracia.

38

Meditación para cuando te empeñas en repetir viejos patrones que no funcionan

Hay patrones de comportamiento que sirven para determinadas épocas y que con el tiempo se van volviendo inútiles y, aún peor, causantes de dolor. Los patrones de comportamiento son como unos zapatos que nos sirvieron cuando éramos pequeños, pero que si nos empeñamos en seguir llevando cuando hemos crecido, nos causarán muchas molestias.

Has de llevar la atención a que muchas de las cosas que haces, o cómo las haces, son hábitos de conducta que te enseñaron o fuiste aprendiendo acá o allá, en lo que llaman la universidad de la vida. Que esas conductas no son tú, y que debes tomarte tu tiempo para observarlas y ver si siguen funcionando para ti y para los que te rodean o, al contrario, no son más que una pesada carga en tu felicidad.

Y uno de los patrones que nos suele causar más dolor, para decirlo sencillamente, es nuestra identificación con el cuerpo y con la mente. Tú eres una parte del Todo encarnada en el vehículo del cuerpo durante unos cuantos años. Por utilizar otro símil, tú no eres ni el coche (tu cuerpo) ni el ordenador de tu coche (tu mente), tú eres quien conduce el coche. Y puedes ir a la derecha o a la izquierda, hacia el norte o hacia el sur.

Tú puedes, en tu vida, decidir si vas hacia el reino de la furia y el rencor, o puedes desechar esos viejos caminos que ya no te sirven y marchar con determinación y calma hacia las costas del amor, de la compasión y del altruismo.

Como decía el escritor Henry Miller, tu destino no es un lugar al que llegar, sino una nueva manera de mirar.

Las llaves

Tienes una llave para abrir tu corazón
y tienes otra para cerrarlo.
Una está hecha de oro,
la otra está hecha de piedra.
¿Qué quieres hacer?
¿Qué quieres llegar a ser?
Si cierras tu corazón,
te convertirás en piedra.
Si lo abres, serás oro.
Tienes una llave para abrir tu corazón,
y tienes otra para cerrarlo.

39
Meditación para un lunes por la mañana

E sta meditación sí que tiene que ver con la anterior y con la repetición de patrones gastados. Porque estar repitiendo cada lunes por la mañana que los lunes son una especie de maldición no te lleva a ninguna parte, excepto a ponerte las cosas aún más difíciles. Así que has de cambiar tu manera de ver las cosas una vez más y observar objetivamente tu situación sin las gafas deformadoras de las frases hechas y los pensamientos prestados.

Puede que no te guste levantarte para ir a trabajar, pero tienes un trabajo. Si no te gusta tu trabajo, has de buscar otro. Pero no puedes continuar quejándote toda tu vida para que al final en tu lápida graben: «Aquí yace X, que se pasó toda su vida quejándose y que apenas hizo nada para cambiar lo que estaba en su mano cambiar».

Como ya hemos visto también, no eres una marioneta del destino. Has de tomar las riendas de tu presente y dirigirte hacia donde sientas que puedas ser tú más feliz y hacer más felices a los demás. Si no lo haces, cada instante de tu vida se va a convertir en una especie de lunes por la mañana.

Trabaja para que en tu lápida se lea: «Aquí yace X, un ser humano por dentro y por fuera, que siempre contribuyó a crear felicidad y amor».

Soñaba

Soñaba con ser especial,
pero ahora solo quiero ser normal.
Soñaba con llegar lejos,
pero ahora solo quiero llegar cerca.
Soñaba con que me amaran mucho,
pero ahora solo quiero amar.
Soñaba con cambiar el mundo,
pero ahora solo intento cambiarme a mí mismo.
Soñaba con tener dinero para mí,
pero ahora solo lo quiero para darlo.
Soñaba con ir muy rápido,
pero ahora solo quiero apreciar las cosas.
Soñaba con escribir poemas maravillosos
pero ahora solo quiero compartir un poco
de belleza.
Soñaba con un par de cosas más que ahora
no recuerdo, ¿quién las soñó?

40

Meditación para cuando vas de vacaciones

No te conformes con estar de vacaciones cuarenta días al año, ni veinte, ni sesenta. Ya eres un adulto, no un chico que va a la escuela. No dependes de nadie que te diga lo que tienes o puedes hacer. No digas que sí...

Me dirás que tienes un trabajo, de acuerdo, pero siempre puedes buscar otro en el que no te sientas como en una cárcel, añorando todo el tiempo la luz del sol. Y si no hay un trabajo que te llene, entonces has de crear el tuyo propio. Inventarte tu vida.

¿Qué es lo que te gusta hacer? ¿Cuáles son tus talentos? Cada ser humano es único y tiene dotes que solo él posee. ¿Qué se te da bien hacer? ¿Cómo podrías utilizar eso para ayudar a los demás con tu quehacer? Me dirás también que esto es muy difícil, pero ¿qué quieres que te diga?, este es un libro para mejorar tu vida, no para dejarla como estaba, ¿no?

Para mejorar tu vida, para cambiarla, no hacen falta grandes filosofías, sino tan solo tu determinación de cambiarla. Sin el impulso de la voluntad, nada se consigue.

Has de construirte una vida en la cual que lleguen las vacaciones no sea una cuestión de vida o muerte para sobrevivir, sino un suave regalo que agradeces con una sonrisa desde una vida que has convertido en un hermoso lugar y del que no necesitas huir.

Date vacaciones permanentes de la idea de que no puedes cambiar tu vida.

Despertar

Cuando miras el mundo, es el mundo
el que te mira.
Y no ves el mar, sino que él te mira.
Cuando crees despertar, es el mundo el
que despierta y te mira por tus ojos
como si por primera vez te viera.
Cuando sientes el mundo, es el mundo
el que te siente.
Y no sientes la luz, sino que ella te acaricia.
Cuando crees caminar, es el mundo quien
te camina y te recorre suavemente
como si por primera vez lo hiciera.
Sé el mejor paisaje para el mundo,
el mejor camino, la más bella brisa,
para que cuando él te viva,
lo haga con una sonrisa.

Ejercicio mágico 4

1. Haz la misma preparación que en los otros ejercicios: espacio tranquilo, espalda recta pero relajada.

2. Coloca las manos sobre las rodillas, con las palmas hacia arriba.

3. Cuando inhales cierra los dedos de las manos, suavemente.

4. Al exhalar, los abres.
   Al inhalar, los cierras.
   Al exhalar, los abres.
   Continúa.

5. Imagínate que de tu inhalación y exhalación dependiera la respiración de todo el planeta.

6. ¿Lo sientes? ¿Sientes la importancia para todo lo que existe de que tú estés en calma?

7. Tú eres todo lo que existe. Todo está unido.

8. Respira y sé calma por ti y por mí.

   Gracias.

41

Meditación para cuando crees que tú eres perfecto y los demás solo hacen las cosas mal

Bueno, quizá no lo creemos, pero actuamos como si nos los creyéramos, ¿no es cierto? La mayor parte del tiempo lo pasamos juzgando a los demás. Y si lo hacemos es que pensamos que nosotros somos mejores que ellos.

La vida se vive así, se organiza así, se ordena así. Este informe se hace así, y francamente, para los demás somos un incordio. Además, si todo el mundo fuera tan perfecto como nosotros, entonces no habría ni un poquito de diversidad y todo sería muy aburrido. ¿No te parece?

Si vivieras en una isla desierta, no habría ningún problema en que te creyeras un ejemplo para la humanidad, pero como vives en contacto con la humanidad, no suele ser una buena idea. Que exista gente que hace las cosas de forma diferente a ti es similar a que haya cientos de miles de especies de árboles y flores. Cada una es una expresión de la creatividad del Universo, cada una aporta algo distinto al gran ecosistema del planeta y de la vida. Sucede igual con los que son diferentes a ti, aunque nosotros no lo sepamos ver.

En el día a día, pues, siempre que haya algo que te moleste de los demás, lo mejor será que lo comuniques con calma a la persona en concreto y nunca desde una posición de superioridad o de juicio moral. No se trata de que una rosa se convierta en una margarita. Ambas especies pueden convivir en el mismo jardín del planeta en armonía y paz.

Calma

Todos nos enfadamos, y rompemos la baraja.
Nos levantamos de la mesa, y pedimos nuevas cartas.
No era eso lo que queríamos, dijimos altas palabras
que se oyeron en el Himalaya.
Tú dijiste y él te dijo, y ella tan solo juraba.
Todos nos enfadamos y en realidad no pasa nada.
Di lo que sientas que debas decir,
pero siempre desde la calma.

42

Meditación para cuando le has dicho a tu pareja lo que querías del supermercado y él o ella te trae otra cosa distinta

Nuestra vida cotidiana está llena de grandes dramas, ¿verdad? Se lo habías dicho bien clarito, que necesitabas esa lechuga y no la otra. Y resulta que ha traído ¡la OTRA!

La vida a veces es terrible, ¿no es cierto? Ahora la comida o la cena ya no sabrá igual, y ¡todo está mal! Tu pareja se ofrece a ir a otra tienda, pero ¡tú le dices que ya no hace falta! Pero él (o ella) va a por la lechuga y cruza la ciudad, y cuando regresa le dices que no la quieres.

Quizá esta situación (no necesariamente con la pobre lechuga) te resulte conocida. A veces las pequeñas situaciones hacen explotar otras sin resolver que llevamos dentro y que, al no haber sido compartidas, han crecido en nuestro interior. Lo que sentimos o pensamos, si no lo compartimos o expresamos, se enrarece como un gas dentro de nosotros y cuando sale, puede provocar explosiones que afecten a nuestra vida más de lo que querríamos.

A veces no nos expresamos por temor a herir al otro, y resulta que al final le vamos a acabar hiriendo mucho más, e hiriéndonos a nosotros de paso.

Por otro lado, hay que recuperar el sentido del humor en nuestra vida e introducir más juego y sentimiento lúdico. No pasa nada porque no estés serio o seria todo el día, no pasa nada porque estés relajado y porque bailes con tu persona amada en el salón y le digas que la quieres y que es maravillosa, con lechuga o sin lechuga.

Siempre en amor

En victoria o en derrota,
pero siempre en amor.
En riqueza o en pobreza,
pero siempre en amor.
En alegría o en tristeza,
pero siempre en amor.
En salud o enfermedad,
pero siempre en amor.
En luz o en sombra,
pero siempre en amor.
En debilidad o fortaleza,
pero siempre en amor.
En acierto o en error,
pero siempre en amor.

43

Meditación para cuando te llegan malas noticias

Por supuesto que la situación anterior con la lechuga no eran malas noticias. Por eso, como ya vimos en la meditación 15, hemos de estar atentos a distinguir en nuestra vida lo que es realmente importante y lo que no, porque si no, vivimos en el drama constante. Siempre fuera de balance, siempre encontrando algún motivo de queja, siempre con algo que no es como a nosotros nos gustaría. Siempre pensando que llegará un día en que las cosas serán perfectas... Bueno, ese día no va a caer del cielo, te lo aseguro. No hay ningún árbol que dé esos frutos que andas buscando.

Así que lo primero es empezar a eliminar el adjetivo *malo* de cientos de cosas que forman parte de la vida cotidiana. Y para ello, como vimos en la meditación anterior, has de introducir un poco de buen humor y de juego, tomarle el pelo a tu importancia y compartirte más con los demás. Y desde ahí empezar a controlar un poco más tus emociones cuando las cosas van bien y cuando van mal, porque si no, estás viviendo constantemente en una montaña rusa emocional. Cultiva un poco más la ecuanimidad, que da siempre hermosos frutos.

Y por último has de contar con que muchas cosas están fuera de tu alcance, de como a ti te gustaría que fueran, pero que eso no es necesariamente malo, sino que es como es. La impermanencia de lo que existe es el motor para que nazcan nuevas cosas. Y la única permanencia que hay en ti es lo que eres: amor e inteligencia encarnados.

La gran memoria

Tú eres el gran bosque
y el gran río y las estrellas
más altas.
Tú eres la respiración
del Universo, lo que susurra
el tiempo cuando, en silencio,
canta.
Tú eres la gran memoria
que en el olvido se baña.
Y el gran amor del que todo
mana.

44

Meditación para cuando te quedas sin batería en el teléfono

Ya estoy haciendo el loco de nuevo con las meditaciones... Pero no me negarás que esta es una de las malas noticias que a veces tanto nos preocupan. Pero, más allá del inicial contratiempo, ¿has sentido alguna vez la libertad que te devuelve? Vuelves a pasear por el mundo en tu aquí y ahora sin estar pendiente de un allí y de un futuro o un pasado.

Por eso, a veces hay que saber encontrar la puerta de libertad que se abre en cada situación que calificamos como mala. Tantas veces, ¿verdad?, lo que pensábamos que era bueno nos ha traído consecuencias malas. Y lo que pensábamos que era malo al final se reveló como algo que traía luz a nuestra vida.

La vida sucede, y nosotros, con ella. La vida es una gran señal y con ella nosotros podemos abrir o cerrar puertas. La vida es una gran llave, ¿qué deseamos hacer con ella? ¿Abrir el corazón o cerrarlo? ¿Amar u odiar?

Libérate de pensar en estereotipos, de enfadarte cuando se supone que debes enfadarte, de estar alegre cuando se supone que toca. Sé creativo en tu vida. ¿Te quedaste sin batería? ¡Alégrate! Permítete ser libre. Permítete tener buen humor y ser generoso siempre y la vida te dirá: «Mira, ahí hay alguien como yo, voy a estar siempre a su lado».

La gracia

Permítete pensar que la vida te va a ir bien,
que, en cuanto te distraigas y te des la vuelta,
alguien te clavará dulcemente el puñal del amor.
Permítete pensar que la vida te va a ir bien,
que si las cosas no son como tú quieres,
—ya no queda chocolate, ya esos labios no te besan
¡y no hay esos zapatos de tu talla!—
es que son así para que aprendas.
Permítete creer que nunca te va a faltar lo que necesites,
que por muchas tormentas que te envuelvan
algo bueno te espera, aunque tú no lo sepas.
—Ya se ve la tierra al horizonte, con su agua fresca
y cerveza en la nevera—.
Confía en tu felicidad, en las cosas pequeñas,
en un sencillo plato de pasta, o en que tienes piernas.
La Gracia consiste en existir, en respirar de manera bella.
Todo lo demás ya está llegando, ya llegó
y siempre llega.

45

Meditación para cuando pierdes a un ser querido

Y en medio de la vida, en medio de nuestros ajetreos, de nuestras cosas del día y de nuestras agendas, de repente alguien se despide de estar en nuestras vidas, en nuestros días. Y entonces todo se detiene y, como escribió un poeta, parece que ya nunca nada volverá a salir bien.

Y es que, a pesar de que muchas veces nos enfademos con la vida y de que nos gustaría que fuera un poco más sencilla, sentimos que hay muchos seres valiosos a nuestro alrededor que forman parte de ella embelleciéndola con su amor, con su manera de mirar, de hablar, de compartir una conversación, o simplemente un chiste, un destello de luz.

Y como no sabemos lo que sucede en la muerte, nos angustiamos. ¿Qué ha sucedido? ¿Adónde se ha marchado? ¿Volveremos a vernos? Sin duda, la muerte es una gran prueba para quien se queda viviendo. ¿Cómo vivir con esa despedida? ¿Cómo integrar lo que ha sucedido para hacernos más bellos y hacer más bella la vida?

Y de nuevo aquí se abre otra vez la encrucijada: integrar hacia la luz y el crecimiento o integrar, distorsionar, hacia la oscuridad y la contracción.

Y está de nuevo en tus manos tomar un camino u otro, y ya sabes cuál es el bueno.

Amar es el mar

Amar es agarrar con las manos abiertas,
dejar que el que amado se vaya o se venga.
Amar es el mar.
Amar es sostener todo con delicadeza
y una mesa siempre puesta.
Amar es la riqueza,
el pan que siempre alimenta.
Amar es la lluvia que refresca
y una mano en el hombro,
que no pesa.
Amar es liberarse de no amar,
y un suave río, que no cesa.

46
Meditación para las reuniones familiares

Y la vida continua, ¿verdad? Aunque a veces le cueste mucho continuar.

Y aquí están esas reuniones familiares que suelen ser más un punto de desencuentro que de encuentro. Unos momentos en los que, con demasiada frecuencia, solemos activar a fondo nuestros motores para juzgar a los demás (ver meditación 41). Mi padre es así, mi hermano, de tal otra manera, mi suegra, asá... Ay, ¿es que acaso se va a repetir esa historia para siempre? ¿No te dan ganas de romper ya con esa pauta de comportamiento?

No te tienes que casar con la gente con la que no te llevas bien, pero al menos puedes practicar la generosidad y la compasión por unas horas. ¿Que ellos no son amables o critican? Es asunto suyo. ¿Que andan discutiendo todo el día? Compadéceles y no discutas tú en tu vida. ¿Que son nerviosos y les gustan cosas que tú consideras banales? Cada uno tiene sus gustos y sus preferencias. ¿Que te dicen todo el tiempo lo que deberías hacer y cómo vivir? Escúchales educadamente, a lo mejor tienen alguna buena idea. ¿Que no te gusta cómo cocinan? Cuando vuelvas a tu casa ya podrás comer lo que a ti te gusta. ¿Que alguien te hizo algo en el pasado que te dolió mucho? Compadécele y ten piedad de él.

Gandhi dijo en una ocasión sobre esto: «¿Quieres salvar el mundo? Empieza amando a tu familia».

Respira, sé agradecido, lo haces muy bien. Sonríe...

Algunos dirán

Algunos dirán que podías
haber odiado mejor,
que debías haberte impuesto.
—Dar un golpe en la mesa,
cambiar algún planeta de órbita
para demostrar quién mandaba—.
Algunos dirán que debiste
haber dicho que eras mejor
que quien no te amaba.
Pero en lugar de eso
dejaste que las cosas fueran a mejor.
—O que fueran como deben ir
y como les da la gana—.

47

Meditación para cuando gritas a tus hijos

Porque a veces somos nosotros los que nos estamos convirtiendo en esas personas que nuestros hijos, cuando sean mayores, no querrán visitar.

Siempre andamos juzgando a nuestros padres, pero no nos importa demasiado dar motivos para que nos juzguen nuestros hijos...

Así que es el momento de cambiar; no es demasiado tarde. Crea el futuro que quieres tener, cultivando sus semillas en tu presente. Imagínate qué tipo de relación quieres tener con tus hijos cuando ellos sean mayores. Cómo te gustaría que fueran esas reuniones familiares, porque está en tu mano crearlas ahora.

Los niños, tus hijos, no son más que tu reflejo. Si ellos están nerviosos, es porque tú lo estás, si ellos son hermosos, es porque tú lo eres. Si ellos son generosos, es porque tú eres generoso. Si gritan, es porque tú gritas. Si tienen miedo, es porque tú lo tienes.

Obsérvales para verte, porque cuando son pequeños son espejos cristalinos y puros. Y cuando van creciendo, según el ambiente en el que vivan (y tú eres ese ambiente, no te excuses siempre en la sociedad), se van a ir coloreando en un sentido u otro. Es decir, según lo que tú cultives en ellos, irán dando un tipo de frutos u otros.

Quizá me digas que a ti no te dieron ese amor, que a ti no te dieron cariño y que tus padres te trataron mal. Pues razón de más para no seguir repitiendo y perpetuando esa cadena de dolor, ¿no te parece?

Cambia la historia de tu vida.

Carta astral

Tu vida va a ser exactamente
como tú permitas que sea.
Si te permites mucha alegría, amor y crecimiento,
sin duda que los vas a tener en abundancia.
Y si pena, tristeza y contracción, también te los dará.
Si te permites la riqueza, riqueza tendrás.
Y si las cosas que te hacen pequeño,
también te las regalará.
Tu vida viene, como todas las vidas,
llena de oportunidades de luz y de amor.
Y también con la oportunidad
de ponerte las cosas un poco más oscuras.
Permítete, pues, ser tu mejor tú.
Y, como dicen en *Star Wars*,
recuerda que la Fuerza está
en ti y que eres uno con
la Fuerza.

48

Meditación para los días suaves de otoño

Pero no todo es estar gritando de un lado para otro y en situaciones complicadas. Hay días absolutamente gloriosos y maravillosos en su suavidad, en los que uno ha estado dando un paseo o ha mirado al cielo, o ha jugado con sus hijos o ido al cine, y en la sencillez de estas cosas encuentras el sentido y el valor de la vida. Lo más grande se encuentra en lo más pequeño, en el reconocimiento de la maravilla de lo que llamamos la cotidianidad.

Durante mucho tiempo, quizá hayas estado buscando en lo extraordinario la felicidad o ese sentido de plenitud que tantas veces te falta. Pero como ves cuando tienes estos suaves días, la felicidad o la plenitud no es más que un reconocimiento del milagro y de la belleza de la existencia y de cómo, pese a todo, la vida es un don que siempre se abre camino, como esas hierbas que crecen entre los duros adoquines de las calles.

La esperanza siempre está naciendo y está dando frutos. Y cuando esos frutos han dado lo que tenían que dar, se marchan, y la esperanza crea otros nuevos con lo que los viejos frutos crearon.

Permítete reconocer la belleza y el amor siempre. Permite que esos frutos que encuentras en las pequeñas cosas creen en ti un árbol hermoso en el que se cobijen los pájaros.

La música del tiempo

Sé tu propia variación
en la gran música del tiempo.
Toca tu propia nota,
canta tu propia canción.
Comparte tu propio don.
Porque el Universo
sin él está incompleto.

49

Meditación para cuando falla el GPS y te pierdes por el mundo

A veces, sin embargo, sentimos que el mundo es un lugar extraño y que no hay lugar para nosotros. O como si el mundo estuviera vacío y nosotros vagásemos por él sin encontrar a nadie. O como si... ¿sigo buscando comparaciones? No hace falta, ¿verdad? Cuando te sientes perdido por el mundo es que estás alejado del centro de tu pecho, allí donde todo está bien.

Pensamos que nuestro GPS se encuentra en la cabeza, pero en realidad se encuentra en el centro de tu pecho, así que cuando tu cabeza te esté llevando por esos laberínticos caminos que no conducen a ninguna parte, lo mejor es que lleves toda tu atención al centro de tu pecho, justo a derecha de tu corazón, y que te imagines que respiras por ahí, como si tuvieras un pequeño agujero.

Tu sentimiento de pérdida es tan solo un sentimiento, o tus ideas de que estás perdido o perdida son tan solo ideas tuyas. ¿Qué significan? ¿Estás perdido o encontrado en el Universo? ¿Estás perdido o encontrado entre los miles de millones de galaxias?

Por eso, cuando tu cabeza te cuente esas cosas, te puedes imaginar que la apagas un rato, como ya vimos, o que te la puedes quitar para poder ver la realidad.

Prueba a hacerlo, verás que tus problemas se quedan ahí en tu cabeza, mientras tú recuperas la verdadera señal del GPS de tu corazón, que te conducirá a donde siempre eres.

GPS

Convierte tu corazón en tu GPS,
deja que sea tu navegador,
que te guíe por los caminos
de la vida en los que no parece
haber solución.
Confía en él, aunque a veces
te diga que ha perdido la señal,
que está recalculando la ruta.
Tenlo siempre actualizado en compasión,
en paciencia y en decisión.
Descárgate siempre los nuevos mapas,
las nuevas coordenadas que te lleven
hacia el amor.

50

Meditación para cuando has metido la pata y has herido mucho a alguien

Bueno, lo has hecho. Bienvenido al género humano, bienvenido a nuestro mundo imperfecto en el que todos estamos aprendiendo todo el rato. Ya ves, el día que piensas que ya te las sabes todas, es el día que metes la pata y dices o haces algo que hiere a alguien. Y tú también te sientes mal, te lo reprochas y comienzas entonces el ataque contra ti mismo. Un momento. ¡Corten!, como dirían en el cine.

¿A qué viene eso de comenzar a darte duro? Pero ¿no era a la otra persona a la que habías herido? ¿Ahora quieres ampliar el campo de daño contigo? Con eso no vas a arreglar nada, al contrario.

A veces hacemos eso porque nos resulta más fácil castigarnos (tenemos mucha experiencia en eso) que pedir perdón, que reconocer que te has equivocado y que no era tu intención. Y ponerte manos a la obra para corregir la situación.

La vida es una increíble carrera que hacemos casi todo el tiempo metiendo la pata porque no sabemos que podemos correr de una manera más plena con las dos piernas del corazón.

Además, las piernas del corazón te llevan solas al lugar que siempre está dentro de ti y que no está ni lejos ni cerca, sino que eres tú.

Algunos

Algunos aman con su mente, otros
con su amor.
Algunos cuidan de cada paso,
otros cuidan del amor.
Algunos ríen alto con alegría,
otros suaves con amor.
Algunos aman con sus vidas,
otros solo con amor.
Algunos caminan a solas en la noche,
otros de la mano del amor.
Y para el amor todo está bien,
porque para el amor todo es Amor.

Ejercicio mágico 5

1. Para este último ejercicio, en lugar de encontrar un sitio tranquilo y cerrar los ojos, sal a la calle y al mundo con los ojos bien abiertos del corazón.

2. Y no trates de hacer nada ni de cambiar nada en ti.

3. Y déjate simplemente ser quien eres, como si acabases de nacer.

4. Y no trates de conseguir nada.

5. Y no hace falta que pongas tu espalda así o asá.

6. Y no hace falta nada de nada.

7. Solo confía en tu corazón.

Meditación de despedida
(Bonus track)

L a vida siempre tiene una canción inesperada para ti. Cuando creas que no puedes escuchar ya ninguna música, cuando sientas que nadie va a tocar esa melodía para ti, ella te la mostrará en el momento más insospechado. Porque lo cierto es que esa música mágica está siempre cantando y sonando dentro de ti, y tú eres esa música suave y armoniosa.

Espero que con estas meditaciones y estos poemas puedas escucharla cada día un poco más y, en los momentos hermosos o difíciles, puedas tararearla como esa melodía que te emociona y te hace ser más hermoso y valiente, más generoso y bueno.

Convierte tu vida en la melodía que te gustaría escuchar, la que te gustaría compartir y por la que te gustaría ser recordado.

Nos vemos

Si en tu vida vas a ser un imbécil,
—y lo vas a ser—, elige siempre ser
un imbécil del amor.
Elígelo siempre, aunque te digan:
«Estás perdiendo el tiempo con
tu amor. Ese amor no conduce a nada».
Pero tú elige siempre ser un imbécil
del amor, un verdadero estúpido del corazón.
Mantén siempre el rumbo
de los tontos del amor,
de los tarados sin remedio,
de los que hacen lo que creen
que tienen que hacer.
Y allí, amigo, nos encontraremos
cualquier día, en el cielo de los tontos,
los imbéciles, los estúpidos
y los tarados del corazón.